중위권 학부모를 위한
공부·진로·진학

중위권 학부모를 위한 공부·진로·진학

1판 2쇄 인쇄 2022. 05. 16
1판 2쇄 발행 2022. 05. 25

지은이 박재원·신여윤·추유선

발행인 강미선
편집 강미선 디자인 표지 이근공 본문 윤미정 일러스트 정진염
발행처 선스토리
등록 2019년 10월 29일 (제2019-000168호)
전화 02)6596-2427

값은 뒤표지에 있습니다.
ISBN 979-11-973088-5-7 (03370)

이메일 sunstory2020@naver.com

매일 어김없이 떠올라 세상을 비추는 해처럼
선하고 이로운 이야기를 꾸준히 전합니다.

중위권 학부모를 위한

공부·진로·진학

박재원·신여윤·추유선 지음

선스토리

'개별화 교육'은 북유럽 교육선진국에서는 이미 오래전에 상식이 된 개념입니다. 아이마다 다른 배움의 속도, 관심 방향, 선호하는 방법을 존중하는 개별화 교육은 아이를 키우는 부모에게 가장 필요한 개념이기도 합니다. 소수의 상위권 아이처럼 공부하지 못한다고 불안해하지 말고, 이 책이 제시한 대로 아이마다 다른 공부 개성을 존중해주며 좀 느리더라도 자신만의 속도로 천천히 가는 아이를 응원해주면 어떨까요? 부모와 아이가 한 편이 되어 행복한 공부, 진로, 진학이 이뤄질 수 있는 바람직한 혜안을 전합니다.

_(전) 한국교육과정평가원 원장, **성기선**

지금의 대한민국 아이들이 자신감을 잃지 않도록 도와주는 것만큼 중요한 일은 없다고 생각합니다. 박재원 소장님 책은 부모들에게 우리 아이가 자신감을 회복할 수 있는 비결을 알려주고 있습니다. 중위 30~40%의 아이들이 하위 70%로 내려가도록 부채질하는 부모와 상위 30~40%로 올라가거나 유지하면서 자신의 행복한 길을 찾아가도록 안내하는 부모의 차이가 무엇인지 보여주고 있습니다. 공부 열정이 식은 자녀와 지내는 부모님들께 일독을 권합니다.

_정신건강의학과 전문의, **김현수**

〈교육대기자TV〉에서 화제가 되었던 중위권 공부법이 책으로 나와 무척 반갑습니다. 경쟁이 아닌 성장의 길로 안내하는 이 책에 많은 부모가 귀를 기울였으면 좋겠습니다. 비록 교육 현실은 과열한 경쟁으로 적자생존이 답인 듯 보이지만 부모가 다르게 생각하면, 아니 있는 그대로 현실을 직시하면 우리 아이에게 더 유리한 길을 열어줄 수 있습니다. 이 책에 제시된 공부 개성을 존중하는 개별화 학습법, 경쟁노선이 아닌 성장노선의 진로 선택법, 입학사정관이 되어 세워 보는 입시전략으로 더 쉽고, 행복한 부모 역할 누리시길 응원합니다.

_ 〈교육대기자TV〉 **방종임** 편집장

대한민국 전체가 최상위권을 향해 줄지어 달리고 있습니다. 대한민국의 3%도 되지 않는 최상위권을 위한 교재, 자녀교육서, 학습 코칭, 컨설팅이 넘쳐나고 있지만 정작 전체 학생의 50%가 넘는 중위권 학생과 학부모들을 위한 진심 어린 조언과 정보는 찾아보기 어렵습니다. 중위권 자녀를 위한 전략은 달라야 하고, 중위권 학생들의 공부 감정은 그에 어울리는 방법으로 바라봐야 함에도 부모인 우리는 여전히 최상위권의 그늘과 아쉬움을 맴돌며 아이의 상처를 더 깊게 파고 있습니다. 중위권 학생들을 다독이거나 채찍질하여 상위권으로 만들기 위한 노력보다 중요한 것은 이들이 가진 부정적인 공부 감정을 들여다보며 자기만의 학습법을 발견하도록 도와 성적 대비 최상의 결과를 얻을 수 있도록 전략을 세우는 일일 것입니다.

그래서 저는 박재원 소장님을 진심으로 존경합니다. 대한민국 학부모를 진심으로 걱정하고 위하는 마음으로 목소리를 높여 주셔서 감사합니다. 소장님의 진심 어린 조언들은 상위권을 갈망하지만 닿지 못하여 실망하고 정체 중인 아이와 학부모의 일상과 관계를 바꿔주는 계기가 되리라 확신합니다.

_ 〈슬기로운 초등생활〉 운영자 · 자녀교육 전문가, **이은경**

박재원 소장님만큼 부모와 아이의 아픔에 공감할 수 있는 부모교육 전문가가 또 있을까요? 무엇보다 이 책은 성공적이라 불리는 공부법 뒤에서 아파하고 힘들어하는 부모와 아이들에게 주목한 책이라 더욱 의미 깊습니다. 이 책에 제시된 공부, 진로, 진학의 방법은 박재원 소장님이 현장에서 오랜 시간 직접 경험하고 쌓아 올린 시간과 맞바꾼 보석 같은 노하우입니다. 몸에 맞지 않는 공부법으로 엄마와 아이 모두 힘들어하다가 결국 되돌릴 수 없이 멀어지기 전에 이 책을 읽어보길 권합니다. 중위권 아이도 삶의 주인공으로 살 수 있는 더 행복하고 쉬운 길로 안내합니다.

_〈혼공TV〉 운영자, **허준석**

성적을 기준으로 구분 짓는 중위권 학부모라는 제목이 마음에 들지 않았습니다. 하지만 글을 읽을수록 자녀에게 관심 갖고 감정을 알아차리는 것의 중요성을 강조하는 저자의 일관된 메시지가 깊이 와 닿았습니다. 아이 탓을 하기보다 자녀가 좋아하는 것을 함께 찾아 성취감을 끌어내주는 부모, 야단치는 부모가 아닌 온전히 아이 편에 서서 같은 방향을 바라보고 싶은 부모님들께 이 책을 권합니다.

_참교육학부모회 회장, **이윤경**

드라마 피디로 일하면서 《영어책 한 권 외워봤니?》를 썼습니다. 영어교육학을 전공한 것도 아니고, 영어 학원 강사도 아니지만 영어를 잘하기 위해서는 어려서부터 영어를 배워야 한다는 세간의 믿음이 너무 안타까웠기 때문입니다. 저는 스무 살이 넘어 혼자 영어를 공부해 외대 통역대학원에 입학했습니다. 그때 얻은 깨달음이 있습니다. '노력하면 나도 할 수 있다.' 그 자신감 덕분에 MBC 피디 공채에 도전할 수 있었습니다.

교육의 목표는 아이에게 성취감과 도전 의식을 깨워주는 것 아닐까요?

한국식 시험공부에 유리한 아이가 있고 불리한 아이도 있다면, 우리 사회의 관심과 배려가 더욱 필요한 아이들은 후자입니다. 상위권 학습법을 흉내 내다 '수포자'가 되고 '영포자'가 되는 게 아니라, 중위권 아이들에게 딱 맞는 학습법을 함께 고민해줄 선생님과 부모님이 필요합니다. 박재원 소장님은 자신감을 잃어가는 중위권 학생들에게 배려와 응원으로 성공의 경험을 안겨주자고 말씀하십니다. 소수 아이들만 빛나는 학원보다 다수 아이들이 행복할 수 있는 학교를 꿈꾸는 분들에게 이 책을 권합니다.

_MBC **김민식**PD

중위권도 주인공 되는
개별화 학습법

먼저 아래의 문제를 풀어보시겠습니까?

문제1 : 중위권 아이에게 가장 도움이 되는 학습법은 무엇일까요?

① 성공한 학습법   ② 개인별 학습법   ③ 전통적 학습법

제가 생각하는 답은 2번입니다. 중위권 아이가 공부에 어려움을 겪고 있다면 좋은 방법보다 쉬운 방법을 찾아야 합니다. 중위권일수록 조급해지기 마련입니다. 아이가 자기보다 노력을 덜하는 것 같은데 성적이 좋은 상위권 친구를 볼 때 어떤 심정일까요? 아이는 학습법이 잘못됐다고 생각하고 자신도 모르게 상위권 학습법을 흉내 내게 됩니다. 하지만 성공하는 경우가 거의 없습니다. 방법만 놓

고 비교해보면 자기 학습법보다 상위권 학습법이 더 효과적인 것은 맞습니다. 그런데 자신의 몸에 딱 붙지 않습니다.

방법은 훌륭하더라도 내가 쉽게 사용할 수 있는 방법은 아닌 거죠. 저는 학습법으로 성공한 사람입니다. 스스로 터득한 학습법 덕분에 성적이 수직 상승했고 어떤 대학에도 합격할 수 있는 성적을 받았습니다. 개인적인 성공경험의 한계를 극복하기 위해 열심히 과학적인 학습법(학습과학)을 장착하고 대치동에서 학습 컨설팅을 시작했습니다.

"이렇게만 하면 상위권이 될 수 있습니다!"

대치동에서 컨설팅을 할 때 자주 했던 말입니다. 머리에 있는 학습법 백과사전을 뒤지면 다들 감탄하는 학습법이 튀어나왔습니다. 하지만 학생들에게 실질적인 도움을 주지는 못했습니다. 특히 중위권 아이들의 "나도 그렇게 하고 싶지만 잘 안 되는 걸 어떡해요!" 하는 간절한 목소리를 제대로 듣지 못했습니다.

여러 시행착오 끝에 성공적인 학습법은 효율적인 학습법이 아니라 쉽게 실행할 수 있는 개인별 학습법이라는 사실을 깨닫게 되었습니다.

이제 오래 고민했던 숙제를 하나 마친 것 같습니다. 부모님이 먼저 과학적인 학습법의 원리를 이해하고 아이가 자신에게 맞는 학습법을 찾아갈 수 있도록 안내해보겠습니다.

아래 문제의 답은 무엇이라고 생각하십니까?

문제2 : 부모 역할은 누가 정할까요?

① 문화　　　　　② 부모　　　　　③ 아이

제가 생각하는 답은 3번입니다. 정말 열심히 부모 역할 하시는 분들을 만날 때마다, 애써 한숨과 눈물을 숨기시는 부모님들을 볼 때마다 이런 생각을 했습니다.

'부모로서 행복한 삶, 성공적인 삶은 무엇일까?'

'도대체 무슨 부귀영화를 누리겠다고 저렇게들 고생하실까?'

처음에는 잘 몰랐지만 '대치동 방식'이라는 것이 있다는 걸 알게 되었습니다. 대치동에서 만난 학부모님들은 아이 교육을 위해 최선을 다하고 있었습니다. 그 아이들은 어릴 적에는 분명 앞서갔지만, 이내 하나둘 탈락하기 시작했습니다. 선두그룹에서 멀어지는 아이들을 보면 부모는 어떻게 해서라도 아이의 성적을 다시 끌어올리기 위해 노력합니다. 물불 가리지 않는다는 말이 딱 맞습니다.

그런데 한 방송국에서 만난 대치동 어머님은 달랐습니다. "저는 아무것도 해준 것이 없어서 아이에게 늘 미안한 마음이네요." 대치동에도 비주류가 있습니다. 철저하게 아이를 믿고 아이가 원하는 것을 도와주는 것이 부모 역할이라고 생각하는 분들입니다.

대치동의 주류는 엄마 주도지만 이분들은 정반대로 아이에게 주도권을 넘겨줍니다. 사회적으로 성공해야 행복하다고 생각하는 것이 주류지만 이분들은 오히려 행복해야 성공적인 삶이라고 믿습니다. 그렇기에 정보를 구하러 바쁘게 다니지 않습니다. 평소 아이와 교감하면서 아이를 충분히 이해하는 것으로 만족합니다.

분명 대치동 학부모만의 리그가 있습니다. 공교육보다는 사교육을 선호합니다. 아이의 자발성이나 잠재력보다는 부모의 경제력과 정보력을 중시합니다. 특히 판단 기준에서 큰 차이를 보입니다. 다들 아이를 위해서라고 생각하지만 다른 부모에게 열등감을 느끼지 않으려는 마음이 훨씬 큽니다. 오늘날도 대치동 방식을 선망하는 학부모가 많습니다. 저는 말리고 싶습니다. 그리고 더 쉽고, 행복한 부모 역할 모델을 제안하고 싶습니다. 아이와 함께 가는 방식이 가장 빠르다고 알려주고 싶습니다.

문제3 : 아이의 성장과 발달에 가장 큰 영향을 미치는 사람은 누구일까요?

① 학교 교사　　　　　　② 다양한 분야의 전문가

③ 학원 강사　　　　　　④ 부모

학부모님들을 만나 물어보면 답을 얼핏 부모라고 생각하는 것 같지만 자신이 없어 보입니다. 부모 역할을 제대로 배워본 적이 없기 때문에 전문가들에게 의존하는 현실을 의식하는 것 같습니다.

저는 부모들을 상대로 돈을 벌어야 하는 대치동을 떠나 순수한 마음으로 부모 역할을 잘할 수 있도록 돕는 일을 하고 있습니다. 상담보다 책과 강연을 통해 많은 부모님을 만나려고 노력하고 있습니다. 제 얘기를 듣고 많은 부모분들이 만족해하고 좋아하십니다. 물론 저에게는 큰 힘이 되지만 과연 실제로 가정에서의 부모 역할은 달라졌을까요?

"들을 때는 알겠는데 막상 실천하려니까 어렵네요!"

부모교육에서 배운 대로 되지 않아 오히려 자괴감에 빠진 분들이 적지 않습니다. 전문가의 이야기가 틀렸을 수도, 아이에게 적합하지 않을 수도 있는데 자기 탓을 하는 부모님들을 보면 늘 미안합니다.

한편에서는 부모교육을 쇼핑하는 분들을 만납니다. 마음에 드는 전문가에게 한동안 꽂혀 있다가 별 효과를 보지 못하면 갈아타는 경우도 많이 봤습니다. 이런 부모님들의 지식은 거의 전문가 수준이지만 정작 아이를 대하는 모습은 여전히 미숙합니다. 전문가 중심 부모교육의 한계라는 생각을 했습니다.

학부모에게 전문가의 이야기는 더 필요하지 않은 것 같습니다. 때문에 저는 부모 역할을 잘하기 위해 먼저 고민하고 노력한 선배 학부모들과의 대화를 전하고 싶습니다. 말은 그럴듯하지만 실천하기는 어려운 전문가의 이야기가 아니라 선배 학부모들의 솔직한 이야기를 이 책에서 전하고자 합니다.

이런 의도를 잘 전달하기 위해 그동안 제가 '공부, 진로, 진학'에 대해 강의하면서 많은 학부모와 나누었던 상담과 질문, 후기도 책에 담았습니다. 제 강의를 들은 학부모들이 어떻게 공감했는지, 또 어떤 후회를 했는지, 어떤 의문을 가졌는지 독자 여러분들과 함께 나누고 싶습니다. 저는 일방적인 강의를 지양해왔습니다. 학부모분들께 현실적인 해결책을 제시하기 위해 절실한 목소리를 듣고자 항상 노력했습니다. 제 강의와 학부모분들의 현실적인 고민과 변화의 과정이 이 책을 읽는 독자분들께 공감과 희망을 주었으면 좋겠습니다.

가끔 학부모님께 이렇게 묻습니다.

"지금 키우는 아이가 마음에 안 들어서 다른 아이로 바꾸고 싶으신 분 손 들어보세요."

몇몇 분이 웃을 때 저는 정색하면서 말합니다.

"지금 우리는 매우 중요한 사실을 확인했습니다. 여러분에게 아이는 유일무이한 존재입니다. 과연 누가 여러분을 대신할 수 있단 말입니까? 주변 이야기에 흔들리지 마세요. 자신을 믿고 가도 될 만큼 여러분들은 이미 훌륭한 부모가 맞습니다."

그렇습니다. 저는 전문가에게 주눅 들지 않는 자신감 있고 당당한 부모들을 위해 이 책을 썼습니다. 지금부터 제가 안내하는 길로 함께 떠나 보시죠.

차례

추천의 말   4

책을 시작하며

중위권도 주인공 되는 개별화 학습법   8

1부

중위권 공부 감정

01 중위권의 가장 큰 문제는 '부정적인 공부 감정'   20

02 우리 아이 공부 상처의 비밀   30

03 직접 체험해봐야 공식을 이해하는 아이   39

04 가장 부작용 없는 사교육 활용법, 메타인지   50

05 부모의 낙오 공포가 아이의 만성 스트레스를 만든다   67

06 운전 연습하듯 배우는 마음 챙김   75

소장님 톡톡_공부편

2부

아이와 한 편 되어 다시 세워 보는 진로

01 삼성이 신입사원을 뽑는 달라진 기준   96

02 평판 조회를 아십니까   113

03 우리 엄마 아빠는 내 편이라는 믿음   122

04 아이돌이 되고 싶은 아이라면   132

05 사회적 확률이라는 미신   144

06 진로에 가장 중요한 부모의 불안대처법   151

💬 소장님 톡톡_진로편

3부

입학사정관이 되어 생각해보는 진학

01 정보 사고의 피해자가 되지 않으려면   166

02 내신 4등급, 명문대에 합격한 사연   178

03 죽음의 트라이앵글은 이제 그만   196

04 달라지고 있는 서울대 입시   211

05 공부 감정과 입시 감정   226

💬 소장님 톡톡_진학편

책을 마치며

부모의 불안을 희망으로, 아이의 좌절을 도전으로 _신여윤   236

엄마가 꼭 알아야 할 공부 감정 _추유선   238

1부

중위권 공부 감정

많은 부모가 한숨 쉬며 하소연합니다.

"아이 공부시키기가 너무 어려워요!"

공교육에 대한 실망으로 많은 학부모가 사교육으로 각자도생의 길을 걷고 있지만 부모가 아이 공부를 책임지는 일은 결코 쉽지 않습니다. 게다가 여러 의도를 가지고 학부모들에게 학습법 관련 정보를 제공하는 사교육 관계자나 학습 전문가를 보면 걱정이 앞섭니다. 그들이 말해주는 성공사례를 아이에게 그대로 적용하면, 아이는 부모가 입수한 정보의 효과를 입증하는 실험 도구가 되기 십상입니다.

중위권 성적의 아이가 공부를 잘하길 원한다면, 가장 먼저 알아야 할 사실은 이것입니다. 공부가 잘되는 아이가 있고, 아무리 해도 안 되는 아이가 있습니다. 더욱 정확히 말하겠습니다. 한국식 시험공부에 유리한 아이와 불리한 아이가 있다는 것을 빨리 간파하십시오. 그래야 아이 공부를 망치는 부모가 아닌, 아이 공부를 돕는 부모가 될 수 있습니다.

유리한 공부재능, 갖춰진 경쟁의식, 규칙적인 생활습관을 가진 아이들은 대부분 자신만의 효율적인 학습법을 쉽게 찾아갑니다. 이런 상위권 성적의 아이라면 부모는 격려하고 지지하는 역할만 해도 충분합니다.

하지만 중위권 아이들은 다릅니다. 상위권과 달리 시험공부에 많은 어려움을 겪습니다. 당연히 부모 역할도 달라져야 합니다. 공부하는 과정에 어떤 어려움이 있고 어떻게 해결해야 하는지, 중위권의 관점에서 문제를 찾아내고 해결책도 모색해야 합니다. 그러지 않고 상위권 학습법에 유혹을 느끼면 자녀에게 '상위권 코스프레'를 시키게 될 뿐입니다.

중위권에 맞는 자신만의 학습법을 찾기 위해 노력했다면, 자신만의 학습법에 익숙해지면서 반드시 성적이 올라갑니다. 하지만 아무리 노력해도 자신의 것이 될 수 없는 상위권 학습법을 억지로 따라 하면 '왜 나는 안 되는 걸까!' 하며 어느 순간 자괴감에 빠집니다. 여기에 부모까지 이렇게 나오면 상황은 더욱 어려워집니다.

"다른 집 애들은 그렇게 해서 성공했다잖아! 그런데 너는 왜 안 돼? 하는 척만 하다 마는 거 아니야?"

결국 대부분 부모와 아이는 서로를 믿지 못하는 악순환에 빠집니다. 이제 중위권 아이의 학부모는 생각을 바꿔야 합니다. 상위권이 성공한 학습법에 미련을 버리십시오. 그리고 중위권의 학습법에 관심을 가지고 시험공부에 불리한 면을 고쳐야 합니다.

더는 상위권 아이처럼 공부하지 못한다고 중위권 아이를 원망하지 마십시오. 상위권이 되고 싶지만 잘되지 않아 속상한 중위권 아이의 마음을 공감해주십시오.

상위권 아이의 부모를 부러워하지 말고 내 아이에게 맞는 학습법을 잘 찾아갈 수 있도록 도우려면 부모로서 어떤 노력을 해야 할까요? 100명의 학생에게는 100가지 학습법이 필요합니다. 아이마다 다른 공부 개성과 관심을 존중하는 학습법이 필요하다는 말입니다. 그 구체적인 방법, 제가 지금부터 알려드리겠습니다.

중위권의
가장 큰 문제는 '부정적인 공부 감정'

대치동 사교육 현장에서 아이들에게 학습 컨설팅을 해줄 때를 떠올리면 '감정보다 행동'에 더 많은 신경을 썼던 것 같습니다. 효과적인 학습법을 지도할 때 눈에 보이지 않는 아이의 감정보다 눈으로 쉽게 확인할 수 있는 행동을 중심으로 접근했던 것이지요. 공부할 때 어떤 행동을 하면 효과적인지 친절하게 알려주면 대부분 아이가 의욕을 보였습니다.

"선생님이 알려주신 대로 하면 더 쉽게 공부할 수 있을 것 같아요. 더 열심히 노력해서 성적을 올려볼게요."

하지만 나중에 결과를 확인해보면 대부분 실망스러웠습니다. 컨설팅받을 때는 의욕이 충만했는데 배운 방법을 실제 적용해 공부할 때는 별로 의욕적이지 않았다는 사실을 확인했습니다. 부모들도 제가 느낀 것과 비슷한 고민을 했습니다. 공부 계획을 세우고 실천의지를

중위권 학부모를 위한 공부·진로·진학

밝힐 때는 어느 정도 믿음이 갔는데, 실제 아이가 공부하는 모습을 관찰해보면 실망스럽다는 것이죠.

부모들의 실망스러운 마음이 어떤 건지 알 것 같아요. 사실 저도 그 마음을 매일 느껴요. 시험이 얼마 남지 않은 제 아이도 수학 공부를 한다며 자기 방으로 들어갔는데 문틈으로 살짝 보니 졸고 있더라고요. 순간 답답하고 불편한 마음이 들어 우울해졌어요. 공부만 하려고 하면 졸거나, 냉장고 문을 열거나, 거실을 왔다 갔다 한시도 가만있지 못 하는데 왜 그런 걸까요? 집중을 못 하는 걸까요? 그렇게도 공부가 하기 싫을까요? 그런데 소장님, 하기 싫어도 해야 하는 게 공부 아닌가요? 저희 때는 지금처럼 좋은 학원 없이도 그렇게 집중해서 공부했잖아요.

이야기를 들으니 제 딸의 영어 과외가 생각나네요. 딸이 영어 과외를 받은 지 한 달이 지났어요. 하지만 딸은 과외 진도를 따라가는 걸 너무 힘들어해요. 게다가 과외가 진행될수록 먼저 수업한 내용을 다 잊어버리더라고요. 가장 힘들어하는 것은 과외 선생님이 주신 과제인데, 마지막 날에 벼락치기하는 것이 자신의 스타일이라고 하면서 계속 미루다가 과외 날이 되면 과제에 대한 부담감 때문에 울음을 터뜨리는 거예요. 저는 딸이 공부에 욕심이 없는 것처럼 느껴져 속상하고, 때로는 '과제'라는 지엽적인 두려움으로 과외 일정을 미루는 것이 실망스러워요.

소장님 말씀처럼 엄마의 소신만으로 아이 공부시키기가 너무 어려워요. 이웃 엄마의 말에 흔들리기도 하고 또 매스컴이나 각종 뉴스에서 청년들의 취업난을 보면 불안해져요. 흔히 이런 말들 하잖아요. "실컷 놀아본 아이가 때 되면 공부도 열심히 한다." 그런데 또 이런 말도 있어요. "놀다 보면 노는 맛을 알아서 아예 딴짓 못 하게 원천 봉쇄 하는 게 아이들 미래에 더 낫다." 어떤 말이 맞는지는 모르겠지만, 내 아이에게 맞는 적정선을 찾아 소신 있게 키우는 것도 어렵고, 그 소신만으로 공부시키기도 어려운 일 같아 늘 딜레마예요.

중위권 성적의 아이들이 공부하면서 드러내는 모습은 부모를 실망스럽게 합니다. 눈에 보이지 않는 아이들의 마음이 어떤지 알 길 없는 부모는 그저 속만 탑니다. 공부에 흥미를 잃어서 그런가? 집중력이 부족해서 그런가? 여러 요인을 추측해보지만 뾰족한 대책을 찾을 수 없어 답답합니다.

학습법 전문가로 오래 활동한 저 역시 초기에는 이런 부모 마음처럼 답답했습니다. 실망스러운 행동에 신경 쓰다 보니 아이들 마음을 제대로 살피지 못했습니다. 컨설팅하면서 아이가 저에게 약속했던 공부 의지를 의심하기도 했습니다. '다 거짓이었을까?' 하지만 제가 느끼기에 아이들의 마음은 분명 진심이었습니다. 그때부터 아이들이 공부하는 순간에 어떤 감정을 느끼는지, 행동보다는 마음에 관심을 가지기 시작했습니다.

2008년에 쓴 책《대한민국은 사교육에 속고 있다》에서 공부 성공론으로 의지론, 노력론 그리고 환경론과 정서론을 주장한 바 있습니다. 여기서 '정서론'이란 누구나 여러 가지 필요로 '공부'라는 행위를 시작할 수 있지만, 집중력을 발휘하면서 얼마나 지속할 수 있는지는

중위권 학부모를 위한 공부·진로·진학

바로 공부하는 순간에 어떤 감정을 느끼는지가 좌우한다는 주장입니다. 특히 시험공부가 상대적으로 유리한 상위권 성적의 아이는 공부하는 과정에서 다소 불쾌한 감정을 느끼더라도 좋은 성적이라는 보상이 따라주기 때문에 얼마든지 극복할 수 있습니다. 하지만 자신의 노력에 비해 실망스러운 성적을 받게 되는 대부분의 중위권 아이는 공부하는 순간에 부정적인 감정이 일어나면 집중력을 잃게 되고 자신도 모르게 딴짓하게 됩니다.

온라인 학습에 어떤 도움을 주어야 할까

코로나 때문에 중위권 성적의 학생층이 크게 줄어들었다는 기사를 본 적 있으신지요? 온라인 학습의 효용성에 대한 문제도 계속 제기되고 있습니다. 가정에서 온라인 학습을 하는 아이 모습을 보면서 실망하고 화가 난다는 부모님 이야기는 넘쳐납니다. 중위권 성적의 학생들이 온라인 학습을 할 때 어떤 도움을 주어야 큰 학습효과를 얻을 수 있을까 고민하던 중에 2000년에 발표된 외국의 한 연구결과가 눈에 띄었습니다. °

°   Garrison, Anderson, Archer(2000) Garrison D. R., Anderson, T. & Archer, W. (2000) 《Critical Inquiry in a Text-Based Environment: Computer Conferencing in Higher Education. The Internet and Higher Education, 2(2)》87-105, 〈코로나 19가 우리 교육에 남긴 것?〉 좋은교사운동 온라인정책토론회 자료집(2020년 4월 27일), 발제문 '온라인 수업과 교사 실재감'에서 재인용.

바로 '**학습 실재감**'이라는 개념입니다. 온라인 학습 환경이지만 제대로 집중해서 공부하려면, 아이들이 온라인으로 학습하는 상황에서 어떤 감정을 느끼는지 '학습 실재감'을 잘 살펴야 한다는 주장입니다. '생각'이 아닌 행동에 주목하는 우리 현실에서 배울 점이 많다고 생각해서 자세히 소개하겠습니다.

교육학자들은 학습 실재감을 온라인 환경에서도 아이가 능동적으로 학습에 참여하고 유의미한 학습 경험을 하게 만드는 중요한 요소라고 정의합니다. 학습 실재감이 제대로 구현되려면 '**교수(사) 실재감**', '**인지적 실재감**', '**사회적 실재감**' 등이 필요합니다. 이 세 가지에 대해 자세히 설명해 보겠습니다.

첫째, 온라인 학습이 제대로 이뤄지려면 선생님이 제시한 학습 목표와 내용에 따라 학습이 진행되고 있다는 느끼는 **교수(사) 실재감**이 필요합니다. 온라인 수업에서는 선생님이 아이 앞에 안 계시죠? 하지만 아이들은 선생님이 앞에 있지 않지만 나를 도와주려고 노력하고 계시고, 나는 선생님의 안내를 받으며 공부하고 있다고 느낍니다. 바로 그런 교수 실재감이 필요하다는 말입니다.

두 번째는 **인지적 실재감**이 필요합니다. 저는 이것을 가장 중요하게 생각합니다. 학습을 따라가면서 뭔가 배우고 있다는 지적 반응이 와야 한다는 의미입니다. '이거 다 쓸데없는 거 아니야?', '내가 지금 왜 이런 걸 공부하지.' 이런 생각이 들면 안 됩니다. '아, 이런 거였구나', '이거 정말 유용한 내용이네?'처럼 배우고 있는 것에 대한 지적

온라인 학습 환경이지만 제대로

집중해서 공부하려면,

아이들이 온라인으로 학습하는

상황에서 어떤 감정을 느끼는지

'학습 실재감'을 잘 살펴야 합니다.

반응이 일어나는 인지적 실재감이 필요하다는 말이지요.

세 번째는 온라인 공간이지만 나 혼자만 있는 게 아니라 친구들이 함께 공부하고 있다는 느낌이 일어나는 **사회적 실재감**이 필요합니다. 옛 성인들도 혼자 있을 때를 조심하라고 했습니다. 공부는 자신과의 외로운 싸움이라는 생각은 잘못된 겁니다. 외로움을 느끼는 상황 자체가 공부 집중을 방해합니다. 카페 같은 곳이 주변은 시끄럽지만 여럿이 모여 공부하는 모습을 볼 수 있는 인기 공간이 된 이유도 사회적 실재감 때문일 겁니다.

쉽게 말해 어떤 아이는 온라인 학습을 하면서 집중을 잘하고 어떤 아이는 그렇지 못합니다. 왜 그런 차이가 발생하는지 다양한 설명이 가능한데 '학습 실재감'이라는 개념을 제안한 외국 학자들은 온라인 학습을 할 때 아이들이 실제 느끼는 '감'이 중요하다고 주장합니다.

저는 '학습 실재감' 개념에 적극적으로 동의합니다. 눈으로 확인할 수 있는 행동만 놓고 마음에 들지 않는다고 아이들을 비난하기 일쑤인 우리 현실에서 외면당했던 아이들의 속마음을 제대로 들여다볼 수 있는 훌륭한 도구를 하나 발견한 느낌이었습니다. 또 아이 개인의 의지와 노력을 강조하고 부모가 제공하는 사교육 효과에 치중하는 분위기에서 외롭게 정서론을 주장해왔는데 든든한 지원군을 만난 기분이 들었습니다.

내 아이 공부 감정 파악하기

저는 조금 난해하게 이해되는 학습 실재감 대신 '공부 감정'이라는 개념을 제안합니다. 아이가 공부하는 줄 알았는데 열심히 하지 않는다면 이런 질문을 해볼 수 있지 않을까요?

"우리 아이는 지금 어떤 감정을 느끼고 있을까? 혹시 그 감정 때문에 우리 아이가 집중하지 못하는 건 아닐까?"

자신도 모르게 공부하기 싫은 감정이 강해진 상태에서 과연 공부를 제대로 할 수 있을까요?

공부에 감정이 필요하다는 생각 자체를 해본 적이 없는 것 같아요. 힘들어도, 하기 싫어도 견디고 하는 게 '공부'라고 생각했어요. 아이가 공부에 대해 부정적인 표현을 할 때마다 "너만 힘드니? 모두 힘들게 공부하잖아. 이겨내고 해야지"라고 말해왔던 것 같아요. 소장님 얘기를 들어보니 '감정'을 중요하게 생각하지 못했던 제 모습을 되돌아보게 되네요. 우리 아이는 어떤 공부 감정 때문에 힘들어하고 있는지 생각해보게 됐어요.

아이가 줌 수업에 적극적으로 참여하기보다 '멍 때리는' 것 같은 모습을 자주 봤어요. 소장님이 설명한 세 가지 학습 실재감 중 한 가지라도 부족하면 아이가 아무 생각 없이 멍 때릴 수 있겠단 생각이 드네요. 소장님 설명 없이 '공부에도 감정이 필요하다'란 말을 들었다면 이해하지 못했을 것 같아요. 공부에 무슨 감정이 필요해? 공부에 감정을 연결하는 게 지금 우리 아이가 처한 현실에서 사치라고 생각했을 것 같아요.

소장님 말씀도 이해되지만, 사실 학생의 본분은 공부잖아요. 하기 싫어도 해야 하는 게 맞지 않나요? 솔직히 공부가 좋아서 하는 아이가 몇이나 될까요? 요즘 아이들은 부모들이 넘치게 잘해주잖아요. 저희 세대보다 부족함이나 결핍을 느끼지 못해서 끈기나 인내심도 덜한 것 같아요. 쉽게 포기하고, 편한 것만 찾고, 요행만 바라고…. 그냥 유리멘탈이라서 그런 것 아닐까요?

감정보다 행동을 중시하는 사회적 분위기에서 어머니들 말씀이 모두 공감됩니다. 하지만 그런 고정관념에 기대면 부모로서 진정 아이의 공부를 이해할 수 있을까요?

"너, 언제까지 그럴 거야? 이제 정신 차릴 때도 된 거 같은데 아직도 공부 안 할래?"

"정신 똑바로 차리고 집중해도 어려울 판에 한가하게 딴짓하는 네가 정말 한심하다!"

이렇게 중위권에 놓인 아이의 안타까운 마음은 아랑곳하지 않고 엄마 감정에만 충실한 발언으로 아이 마음에 또 상처를 주지 않나요? 모든 결과의 책임을 아이에게 떠넘기지는 않으시나요? 순간적으로 후련함을 느끼는 것에 그치고, 그 대가로 아이가 공부와 점점 멀어지게 만들지는 않나요?

중위권 성적의 아이들이 왜 집중하지 못하는지, 왜 부모 마음에 들지 않는 행동을 하는지 제대로 이해하려면 '공부 감정'이라는 개념을 장착하십시오. 저는 아이들의 공부 마음을 이해하려고 노력할 때마다 자주 "평안감사도 저 싫으면 그만"이라는 속담을 떠올립니다. 상

중위권 학부모를 위한 공부·진로·진학

위권 아이들처럼 쉽게 좋은 성적으로 보상받지 못하는 중위권 아이들의 마음이 공부로부터 멀어지지 않게 하려면 그 어떤 노력보다도 공부하는 순간에 편안한 감정, 만족감을 느낄 수 있도록 도와주어야 합니다.

행동을 지배하는 마음에 관심 가지지 않으면 부모 역할은 완전히 빗나갑니다. 아이의 공부 감정에 관심을 기울이면서 부정적인 공부 감정을 긍정적인 공부 감정으로 바꾸려고 노력하는 부모와 감정보다 행동에 주목하면서 관리하고 통제하는 부모는 완전히 다른 결과를 맞게 될 것입니다. 저는 천국과 지옥의 차이라는 생각까지 합니다.

아이가 공부하는 줄 알았는데 열심히 하지 않는다면 이런 질문을 한 번 해볼 수 있지 않을까요? "우리 아이는 지금 어떤 감정을 느끼고 있을까? 혹시 그 감정 때문에 우리 아이가 집중하지 못하는 건 아닐까?" 자신도 모르게 공부하기 싫은 감정이 강해진 상태에서 과연 공부를 제대로 할 수 있을까요?

02

우리 아이
공부 상처의 비밀

우리나라에 학습 관련 전문가는 넘쳐나지만 진정 아이들 편에서 아이들의 마음에 닿는 연구를 하는 사람은 거의 없는 것 같습니다. 상위권 아이들의 이야기로 부모들을 유혹하는 경우는 쉽게 보지만, 진정 중위권 아이들 이야기에 관심을 기울이는 경우는 못 봤습니다. 그래서 2013년에 출간된 김현수 교수의 《공부 상처》에 나오는 이야기는 정말 소중합니다. '공부' 이야기만 하면 진저리 치는 아이들이 있죠? 말로는 공부한다고 해놓고 온갖 수단과 방법을 동원해 부모 눈을 속이려는 아이들도 있죠. 이 책은 치료 현장에서 공부를 원수처럼 생각하는 아이들을 진심으로 만나 공부 상처를 찾아낸 과정을 담고 있습니다. 책에 따르면 '공부 상처'에는 7가지가 있습니다.

첫 번째는 **관계의 상처**입니다. 공부 파업형이죠. 어떤 의미일까요?

공부 때문에 엄마와 자녀의 사이가 나빠지는 경우입니다. 그 경우 아이들은 소위 부모와의 갈등, 관계 스트레스 상태에 오랫동안 머물게 됩니다. 여러분, 관계 스트레스 쉽게 생각하지 마십시오. 아주 무섭습니다. 나와 상관없는 사람에게 잠깐 스트레스받는 건 별 문제 안 됩니다. 그런데 매일 만나야 하는 사람에게 스트레스받는 건 큰 문제입니다. 아이들의 경우, 매일 보는 부모와 공부 때문에 갈등이 생기고 스트레스받는다면 평소 어떤 모습을 보이게 될까요? 자신에게 주어진 현실을 인정하지 않습니다. 학생은 공부해야 하는데 그런 현실을 인정하지 않는 거죠. 아이나 어른이나 스트레스가 높아지면 진로를 탐색하고 인생 하반기를 설계하고 싶어 할까요, 아니면 게임에 빠지거나 술 한잔 마시고 싶어질까요? 스트레스가 높아지면 아이든 어른이든, 인격적으로 훌륭한 사람이든 그렇지 않은 사람이든 관계없이 그 스트레스에서 벗어나는 게 두뇌 정보처리의 1순위가 되어버립니다. 부모와의 갈등으로 스트레스 상태에 놓인 친구들은 공부를 열심히 할 수 없는 상황이라는 것을 분명히 알아야 합니다. 그 지점을 놓치면 영영 돌이킬 수 없는 상황에 빠집니다.

두 번째 **돌봄의 상처**입니다. '만성학습경험 결핍형'으로 주로 환경이 어려운 가정에서 자란 아이들이 여기에 속합니다. 그런데 저는 가정환경이 아무리 풍요로워도 가족에게 소속감을 느끼지 못하는 아이는 가정환경이 어려운 아이보다 악조건을 가졌다고 생각합니다. 부모가 자기 마음을 알아주지 못한다고 생각하면 아이도 사회적 동물이기에 대체 수단을 찾습니다. 피시방에 가야 편하고, 스마트폰을 쥐고 있어야 외롭지 않고, 게임에 열중해야 존재감을 느낄 수 있는 아이들이 점점 많아지고 있습니다. 학교생활과 가정생활에서 존중받지 못하면, 제대로 돌봄을 받지 못하면 미래를 위한 공부보다는 당장의 결핍에서 벗어나기 위한 자극에 빠지게 되는 겁니다. 그 결과 제대로 공부해본 경험이 없는 학습경험 결핍형 상처의 희생자가 됩니다. 시간이 지난 뒤 공부하고 싶은 마음이 들어도 어떻게 해야 할지 몰라 막막해하며 방황하던 아이들이 생각납니다.

세 번째는 **과잉의 상처**입니다. 요즘 대부분 아이가 '월화수목금금금' 공부합니다. 학습 피로도가 높아지고, 공부의 질이 많이 떨어질 수밖에 없습니다. 부모도 회사에서 '월화수목금금금' 일한다고 생각해보십시오. 일의 능률이 과연 오를까요? 아이도 마찬가지입니다. 좀 더 직설적으로 말하자면 그야말로 '저질 학습노동'입니다. 싫어하는 공부를 억지로 하면 질이 떨어질 수밖에 없습니다. 그런데 공부 분량은 정해져 있으니 마칠 때까지 필요한 시간은 늘어나겠죠. 당연히 피로감도 올라갑니다. 피로감이 올라가는 만큼 질은 계속 떨어집니다. 질이 떨어지면 공부 의욕도 함께 떨어지지만 어쩔 수 없이 먹기 싫은 밥 꾸역꾸역 먹듯이 공부할 수밖에 없습니다. 저는 우리나라 학생 중 50퍼센트 이상이 이런 악순환에 빠져있다고 판단합니다. 불행할 수밖에 없습니다. 아이들이 공부나 학습, 성적 등으로 고통받는 현실이 정말 안타깝습니다.

네 번째 상처는 **역할의 상처**입니다. 공부하면서 보람이나 의미를

중위권 학부모를 위한 공부·진로·진학

찾기보다, '나 지금 뭐하고 있지?', '나 왜 공부하고 있지?' 이런 생각이 드는 겁니다. 이 상처를 느끼는 아이들은 대체로 충동적인 성향이 있습니다.

'충동'이란 단어를 오해하면 안 됩니다. 꼭 이루고 싶은 게 있다고 가정해보십시오. 이루고 싶은 걸 성취하려면 노력이 필요하다는 사실을 잘 알고 있습니다. 그런데 유혹이 생깁니다. 갑자기 졸릴 수 있고, 친구가 찾아올 수도 있어요. 유혹을 느끼는 바로 그 순간에 '이루고 싶은 게 있다'는 생각이 머릿속을 떠나지 않는다면 어떨까요? 대부분 당장의 유혹보다 그 유혹을 참고 이겨냈을 때 얻게 될 성취에 마음이 갑니다. 자연스럽게 자기조절능력, 욕구조절능력을 발휘하는 거지요.

그런데 '나 지금 뭐 하고 있지? 이런 쓸데없는 숙제를 왜 하는 거지?' 이런 상태라면 어떻게 될까요? 주변의 유혹을 오히려 찾아가게 되지 않을까요? 누군가 와서 가볍게 툭 건드리기만 해도 거기에 반응하겠죠. 하기 싫은 일을 억지로 해야 하는 상황에서 아이들은 다분히 충동적으로 행동할 수밖에 없습니다.

정말 하기 싫은 공부에서 벗어날 기회를 호시탐탐 노려야 하는 상태가 문제인데, 모든 책임을 아이에게 뒤집어씌워 아이의 성향이 충동적이라고 비난하는 것은 번지수가 틀려도 한참 틀린 겁니다. 사람은 누구나 자신이 하는 일에 의미 부여가 잘 안 되면 주변에 민감하게 반응합니다. 아이들도 마찬가지입니다. 의미 부여가 안 되면 아이들 머릿속에는 '공부해봐야 뭐할 건데?'라는 회의적인 생각이 점점 더 강해집니다.

다섯 번째는 **노력의 상처**입니다. "그래도 이번 시험은 잘 보자"라고 우연한 계기를 통해 동기부여를 가질 수 있습니다. 그래서 공부를 열심히 했습니다. 그런데 원하는 만큼 성적이 나오지 않아 실망이 커진다면 좌절, 패배, 허무와 같은 부정적인 감정이 더 커질 수 있습니다. 대다수 아이가 이런 감정을 느낍니다. 많은 부모가 그 이상을 요구하기 때문이죠. 그렇게 되면 아이들은 현실에서 어떤 모습을 보일까요? 공부만 생각하면 무기력해집니다. 성공 경험이 없기 때문입니다. 그러면서 공부 자체를 거부할 가능성이 높아집니다. 그 심정을 부모님이 조금이라도 공감해주면 어떨까요?

여섯 번째는 **평가의 상처**입니다. 아이가 시험을 보고 이렇게 말했다고 상상해보세요.

"엄마, 나 이번 시험 잘 본 것 같아. 평균 80점 넘은 것 같아."

어떤 답을 해주시나요? 제가 만난 대부분 부모는 이렇게 답했습니다.

"80점 넘었다고? 1등은 몇 점인데?"

부모가 주는 부담은 아이의 회피본능을 자극합니다. 잘해도 엄마를 만족시킬 수 없거든요. 나에게 주어지는 부담일 뿐이죠. 이런 아이들은 현실에서 어떤 모습을 보일까요? 당연히 피하고 싶지 않을까요? 그러면서 역시 악순환에 빠집니다. 자신도 모르게 소극적인 태도로 공부합니다. 해야 한다고 생각하지만 공부의 질은 떨어지고 부담만 높아지고 사실 하는 게 없는 상태가 되는 거죠.

중위권 학부모를 위한 공부·진로·진학

그러면서 일곱 번째인 **실행의 상처**를 입게 됩니다. '실행결핍증후군'이라고도 말합니다. 이게 뭘까요? 한때 유행했던 공부 플래너를 쓰는 겁니다. 쓰고 실행하며 하나씩 지워가면서 성취감을 느껴야 하는데 아이들은 계획대로 실행하지 못합니다. 그러면서 스스로가 의지박약이라고 비하합니다. 하고 싶지 않은 공부를 억지로 하는데 계획을 쓴다고 공부가 잘될까요? 결국은 누가 옆에서 지켜보지 않으면, 학원 보내지 않고 숙제 검사하지 않으면, 스스로 공부하지 못하는 의존적 학습자로 전락하는 것입니다.

공부를 잘하고 싶지 않은 아이는 없다

우리는 여기서 어떤 질문을 해봐야 할까요? 과연 우리 아이는 어떤 상처를 갖고 있을까요? 그 상처에 우리는 평소 관심이 있었나요? 상처를 찾았다면 해결하기 위해 어떤 노력을 기울여야 할까요?

> 저희 아이는 7가지 유형을 모두 갖고 있어요. 좀 씁쓸하지만 사춘기 즈음해서 관계의 상처가 없는 가정이 몇이나 될까요? 또 대한민국에서 '학생'이라는 이름으로 살아가는 아이에게 과잉의 상처는 기본적으로 있는 것 같아요. 하지만 그중 가장 위험하고 치명적인 게 평가의 상처라는 생각이 들어요. 줄 세우기 교육 현실에서는 어쩔 수 없이 일등과 꼴등이 나오잖아요. 그래서 아이가 이런 상처를 받지 않도록 정신 바짝 차리려고 노력하는데, 다시 냉철하게 점검해봐야 할 것 같단 생각이 들어요. 내 아이가

어떤 상처에 가장 곪아있을까? 그 상처를 아물게 하기 위해 어떤 노력을 해야 할까? 소장님 말씀 들으니 생각이 많아지네요.

제가 아이에게 많이 했던 말이 있어요. "우리 ○○이는 하기만 하면 정말 잘할 텐데 말이야.", "역시 우리 ○○이가 최고야." 그런데 이 말을 듣고 언젠가 아이가 그러더라고요. "엄마 그 얘기가 얼마나 부담되는지 아세요?" 놀랐어요. 제가 평소 했던 칭찬과 응원의 말이 아이에게는 부담과 무거운 짐으로 들릴 수 있다는 걸 몰랐던 거죠. 앞으로는 무심코 아이에게 하는 말이라도 신경을 써야겠다고 생각해봅니다.

저는 제 아이 의지가 약하다고 생각했어요. 공부 계획을 열심히 세워도 계획대로 안 돼서 괴로워했던 아이 마음을 이해하지 못했던 것 같아요. 매일 작심삼일이냐고 다그치기만 하고 오히려 상처를 줬다는 생각이 드네요. 돌이켜 보니 제 아이는 위에 설명한 모든 상처를 받는 것 같아요. 그러면 7가지 상처가 모두 없어야 공부를 잘할 수 있는 걸까요?

아닙니다. 그렇지 않습니다. 몇 가지 상처는 안고 공부할 수밖에 없죠. 아이가 공부를 소홀히 하는 모습을 볼 때 많은 부모가 "쟤는 공부하기 싫은가 보다" 이렇게 오해하는 것이 문제입니다. 여러분, 부모가 아이 상태를 오해하고 있다는 것을 이해하는 게 중요합니다. 이걸 이해하지 못하면 부모와 아이는 고통스러워할 수밖에 없습니다.

잠깐 핀란드 교육 이야기를 해볼게요. 핀란드 아이들은 대부분 공부를 재밌게 해요. 왜 그럴까요? 교육의 목표가 '공부를 좋아하도록 만드는 것'이기 때문입니다. 공부를 좋아하는 태도를 길러주는 것, 나도 노력하면 잘할 수 있다는 것, 그 마음을 길러주는 것이 공부 감정에 매우 중요합니다.

중요한 질문을 해보겠습니다. 경제적으로 여유 있게 살고 싶지 않은 분 있으신가요? 없죠? 두 번째, 건강하게 오래 살고 싶지 않은 분, 있으세요? 없죠. 그런데 다들 그렇게 사십니까? 마음대로 안 되죠? 아이들 공부는 어떨까요?

저는 정말 많은 아이를 만났습니다. 공부를 포기한 아이들부터 심지어 가출해서 오토바이로 배달하는 아이들까지 별의별 아이들을 다 만나봤습니다. 그런데 이 아이들을 진심으로, 온 마음으로 만나 보니 모든 아이가 공부를 잘하고 싶어 한다는 걸 알게 되었습니다. 그런데 마음대로 안 되는 거죠. 마음대로 안 되는 상황에서, 누군가가 그 마음을 인정해주거나 깊이 이해해주면 정말 고맙겠죠. 그 마음을 알아주는 것이 매우 중요합니다.

저는 '공부 상처'라는 렌즈를 통해 특히 중위권 학생들이 공부 때문에 얼마나 아파하는지 깊이 이해하게 되었습니다. 부모가 아이들의 행동을 꼬투리 잡아 비난하고 싶을 수 있습니다. 게다가 그 마음은 매우 끈질깁니다. 자신은 잘못이 없고 아이가 문제라는 생각은 부모들의 심리적 안정에 매우 요긴하기 때문입니다.

부모가 잘못해서 아이 공부를 망쳤다는 사실을 인정하는 것은 정말 어렵습니다. 그런데 아이들 마음에 숨어있던 공부 상처를 보기 시작하면서 아이들의 행동에 시비를 걸고 싶은 마음이 완전히 사라졌습니다. 어느 아이나 공부를 잘하고 싶어 한다는 사실을 더욱 또렷하게 느꼈습니다. '조금만 열심히 해주면 얼마나 좋을까?'라는 생각이 아이들의 마음을 얼마나 오해한 것인지 깊이 반성하게 되었습니다.

아이가 아픈데 외면하는 부모는 없겠지요. 요즘 아이들의 마음, 특히 불리한 조건에서 공부를 감당해야 하는 중위권 아이들의 마음이 공부 상처 때문에 많이 아픈 것 같습니다. 아이들의 아픔, 공부 상처부터 온전히 공감하고 나서야 부모 역할을 제대로 할 수 있지 않을까요? 서두르지 말고 아이 마음과 부모 마음이 포개지도록 노력해보세요. 그러면 쉽고 행복한 부모 역할의 길로 나아갈 수 있습니다.

아이가 공부를 소홀히 하는 모습을 볼 때 많은 부모가 "쟤는 공부하기 싫은가 보다" 이렇게 오해하는 것이 문제입니다. 여러분, 부모가 아이 상태를 오해하고 있다는 것을 이해하는 게 중요합니다. 이걸 이해하지 못하면 부모와 아이는 고통스러워할 수밖에 없습니다.

중위권 학부모를 위한 공부·진로·진학

03

직접 체험해봐야
공식을 이해하는 아이

부모는 앞서가는데 아이는 뒤처지고 있다면 다른 길을 찾아야 합니다. 상위권 친구들에게 더 뒤지지 말라고 아이를 아무리 재촉해도 소용없습니다. 아이가 상위권을 따라갈 수 없다는 사실을 하루라도 빨리 받아들이십시오.

중위권 아이들이 자신의 길을 갈 수 있도록 도와주는 방향으로 전환해야 합니다. 그러기 위해 부족한 시험공부 경쟁력을 부모와 협력해서 보완할 수 있는 방법을 찾아보기를 제안합니다. 능력만 놓고 보면 상위권 아이가 훨씬 뛰어나지만 부모와 아이의 협력이 순조롭게 이뤄지면 개인의 한계를 만회하고 얼마든지 상위권과 경쟁해볼 수 있는 길이 열립니다. 제가 '공부 개성'이라는 새로운 개념을 적용하여 길을 찾아보겠습니다.

공부에도 개성이 있다

먼저 아래의 독일에서 진행한 학습과학의 실험결과[°]를 함께 살펴봅시다.

1. 선생님 설명으로 잘 이해하는 유형　　2. 직접 실험해봐야 이해하는 유형

3. 공식만으로도 잘 이해하는 유형　　4. 직접 체험해봐야 이해하는 유형

　면적과 압력은 반비례 관계라는 사실을 아이들이 어떻게 해야 쉽게 잘 이해할 수 있는지, 실험을 통해 확인한 것입니다. 1번은 선생님

°　국내 번역된 책에서 가져온 것이지만, 출처를 확인하지 못 했습니다. 추후 확인하면 밝히겠습니다.

중위권 학부모를 위한 공부·진로·진학

의 설명으로 잘 이해하는 유형입니다. 그러나 2번은 선생님의 설명보다 직접 실험해봐야 제대로 이해할 수 있는 유형입니다. 못의 끝을 뭉뚝하게 해서, 그러니까 면적을 넓히면 압력이 떨어져서 못이 잘 박히지 않는다는 사실을 실험으로 확인하고 나서야 비로소 면적과 압력의 반비례 관계를 이해했습니다. 3번은 그냥 공식만으로도 잘 이해하는 유형입니다. 4번은 실험으로도 부족해서 직접 본인이 체험해보고 이해하는 유형입니다. 연필을 깎지 않으면 면적이 넓고 압력이 떨어지니까 손가락으로 눌러도 아프지 않지만, 뾰족하게 깎으면 면적이 줄어든 만큼 압력이 올라가 손가락으로 눌렀을 때 아프다는 사실을 확인한 다음에야 이해했습니다.

4가지 중에서 어떤 유형이 공부를 잘할까요? 단순히 유형 자체만을 비교하면 3번, 1번, 2번, 4번 순으로 쉽게 이해한다고 볼 수 있습니다. 하지만 아이들이 직접 학습법을 활용하는 경우로 비교해본다면 다른 판단을 하게 됩니다. 어떤 유형이 우수하다는 얘기는 의미가 없지요. 아무리 좋은 방법이라도 자신에게 맞지 않으면 실제로 사용할 수 없기 때문입니다. 결국 자신의 공부 개성과 맞아야 효과적인 방법이 되는 겁니다.

공부에도 개성이 있다는 말은 학습방법에 차이가 있다는 말과도 같은 것 같아요. 큰아이는 본인이 직접 해봐야지 직성이 풀리는 스타일이라 어렸을 때부터 해체하고 조립하고 붙이고 다시 잇는 걸 좋아했거든요. 스스로 뭔가를 조작하고 해보면서 익히는 스타일인 반면, 작은아이는 시청각 자료를 잘 활용하여 자기 것으로 만들더라고요. 이렇듯 아이마다 다를 뿐이지 정답의 모델은 없는 것 같아요.

저는 세 아이를 키웠는데, 위에 두 딸은 모범생처럼 성실하게 제가 이끄는 대로 잘 따라오는 편이었어요. 그런데 좀 터울 있는 막내아들은 그야말로 자기 마음대로였어요. 특히 수학을 공부할 때 풀이과정 쓰는 걸 싫어하더라고요. 암산을 잘하긴 하는데, 그래도 실수할 수 있잖아요? 쓰면서 공부하라고 해도 머릿속에서 풀고 끝이에요. 중간과정이 없어요. 그런데 신기하게도 정답을 제법 잘 맞춰요. 이것도 소장님이 말씀하신 '공부 개성'일까요? 막무가내로 누나들처럼 예쁘게, 꼼꼼하게 쓰는 버릇을 가지라고 말하지 말아야겠어요.

어두침침하고 시끄러운 곳에 삐딱하게 앉아서 계획 없이 공부하는 아이?

어떤 아이가 아래 제가 말하는 모습처럼 공부하고 있다고 상상해보십시오.

'어두컴컴하고 시끄러운 곳에 삐딱하게 앉아서 아무 계획 없이 공부하고 있다.'

어떤 생각이 듭니까? 지금까지 많은 분께 물었는데 100퍼센트 공부한다고 볼 수 없다고 답했습니다.

하지만 학습과학의 연구결과를 적용해보면, 물론 극단적인 예이기는 하지만 그렇게 공부해야 공부가 잘되는 경우도 있다는 사실을 확

42

인할 수 있습니다.《개별화 수업》이라는 학습과학의 매우 중요한 연구 성과를 담은 책이 있습니다. 이 책을 보면 '학습양식'이라는 단어가 나오는데 쉽게 말해 학습법이라고 보면 됩니다.《개별화 수업》°에서 말하고 있는 학습 양식에 관한 여러 연구결과를 종합한 내용을 소개합니다.

밝은 환경 vs 어두운 환경

조용한 학습 환경 vs 소란스러운 학습 환경

시원한 방 vs 따뜻한 방

똑바로 앉아 학습하기 vs 기대어 앉아 학습하기

내적 동기 vs 어른들에 의해 유발된 외적 동기

한 번에 하나씩 vs 멀티태스킹

학습자로서의 독립심 vs 어른의 코칭에 의존

매우 구조화된 과제 vs 개방적 과제

나 홀로 학습 vs 친구와 학습 vs 팀의 일부로 학습

예측 가능한 일상 vs 예측 불허의 가변적 일상

청각 선호 vs 시각 선호 vs 촉각 선호

하루 중 특정 시간에 학습하기 vs 다른 시간에 학습하기

전체에서 부분으로 접근하기 vs 부분에서 전체로 접근하기

학습하는 동안 움직이기 vs 가만히 있기

°   한국뇌기반교육연구소,《개별화 수업 ② 원리편》, 2019년 7월, 251쪽.

공부에는 과학적인 원리와 구체적인 방법이 있습니다. 원리는 보편적이지만 방법은 매우 개별적입니다. 우리 몸에 필요한 필수 영양소의 종류는 보편적이지만 영양소를 섭취하는 방법은 사람마다 다른 것과 비슷한 이치입니다.

제 상담 사례를 나누고 싶습니다. 제가 대치동에서 상담할 때 어떤 학생이 찾아왔습니다. 이 학생의 아버지는 직업군인이라서 근무하는 부대가 바뀔 때마다 아이도 전학을 가야 했지요. 아이가 초등학교를 여섯 군데나 다녔더라고요. 이 친구는 공부를 열심히 하겠다는 의지가 분명했는데 문제가 있었습니다. 수업시간에 다리를 떠는 것 때문에 학교에서 선생님께 지적을 매일 받았지요. 제 앞에서도 다리를 떨고 있었습니다. 편하게 앉으라고 하니까 바로 다리를 떨더라고요. 제가 "야, 다리 떨지 마"라고 말하고 그 순간을 관찰했더니 애가 얼굴이 굳어지더라고요.

이 친구는 다리를 떨어야 마음이 편했던 겁니다. 다리를 떨지 않게 하려면 의식적으로 그 부분에 집중해 노력해야 합니다. 문제는 두뇌 주의집중력을 대부분 다리를 떨지 않기 위해 사용하다 보니 공부하는 데 필요한 주의집중력이 부족할 수밖에 없었다는 거죠.

어떻게 해결했을까요? 저는 가장 신축성이 좋고 정말 두꺼운 스펀지를 구해주었어요. 그리고 그 친구에게 그걸 매일 갖고 다니면서 발바닥 밑에 놓고 마음껏 발을 떨며 공부해도 된다고 했습니다. 소리가 안 나니까 누구에게도 방해가 안 되었겠죠. 그 친구가 일주일 지나 찾아왔어요. 울면서 말하더라고요. 너무 고맙다고요.

노트 필기도 마찬가지입니다. 글씨도 예쁘고 노트 필기도 능숙한

중위권 학부모를 위한 공부·진로·진학

어머님을 만났습니다. 아이가 공부하면서 필기를 제대로 하지 않는 것이 불만이라고 말하셨어요. 어머님에게 공부 개성이라는 개념을 설명했지만 쉽게 받아들이지 않았습니다. 그래서 제가 직접 아이를 만나 해결책을 찾기로 했습니다.

"너, 노트 필기 하는 것 싫지?"

"네. 답답해서 못 하겠어요."

"그러면 공부하고 나서 꼭 기억해야 할 중요한 내용을 정리해서 핸드폰에 녹음해보는 건 어때?"

며칠 뒤에 다시 만난 아이는 노트 필기보다 녹음 방법이 훨씬 공부가 잘되는 것 같다고 말했습니다. 그러면서 노트 필기할 때는 몰랐는데 공부한 내용을 직접 말로 표현하다 보니 제대로 이해한 내용과 더 공부해야 할 내용을 쉽게 구분할 수 있어 크게 도움이 된다고 했습니다.

위의 두 사례를 들으면서 어떤 생각이 드시나요? 공부하는 모습이 마음에 들지 않으면 아이에게 어떤 어려움이 있는지 묻지도 따지지도 않고 성적을 올리는 데 도움이 되는 방법부터 찾는 부모들이 정말 많습니다. 전교 1등의 공부 노트와 극적인 성적 역전을 통해 명문대에 합격한 학생들의 성공스토리도 베스트셀러가 됩니다. 모두가 우등생의 학습법, 성공비결을 내세워 유혹합니다.

그런데 정말 걱정입니다. 사람들이 모두 다르게 생긴 것처럼 공부하는 방법에도 개성이 정말 중요합니다. 노력했지만 기대한 성적을 얻지 못하는 경우를 분석해보면 대부분 자신의 공부 개성에 맞지 않는 방법으로 공부했기 때문입니다. 그런 진실을 들여다보지 않고,

1등의 공부비법만 좇는 현실이 안타깝습니다.

재미와 의미, 그리고 성취감

'공부 개성'이라는 개념과 교육학적으로 비슷한 말이 있습니다. 북유럽의 교육선진국에서는 이미 오래전에 상식이 된 '개별화 교육'이라는 개념입니다. 이 개념에는 같은 책을 가지고 같은 진도를 나가면서 똑같은 수업방식으로 가르치고 똑같은 문제를 가지고 평가하는 것은 교육일 수 없으며 폭력이라는 인식이 담겨 있습니다.

특히 배움의 속도, 관심의 방향, 선호하는 방법에 있어 개인 차이를 제대로 존중하지 않으면 진정한 교육은 불가능하다는 개별화 교육의 정신은 정말 부럽습니다. 중위권 성적의 아이들이 상위권을 따라잡으려고 하면, 대부분 중간에 지쳐서 포기하기 마련입니다. 좀 느리더라도 자신만의 속도로 천천히 가면 꾸준히 갈 수 있고 그래야 제대로 공부할 수 있습니다.

국어, 영어, 수학, 사회, 과학 과목에 두루두루 관심을 가질 수 있는 상위권 아이들과 달리 중위권 아이는 자신의 관심을 충족시키는 공부부터 시작해야 집중력을 잃지 않고 열심히 공부할 수 있습니다.

앞에서 살펴본 것처럼 1등의 오답노트, 1등이 푼 문제집, 1등이 다니는 학원과 인강의 유혹에서 벗어나십시오. 우리 아이에게 맞는 것은 따로 있다고 생각해야 적당한 학습법을 찾고, 성적도 올릴 수 있습니다.

아이가 공부를 열심히 하지 않는다면 '공부 개성'이라는 개념으로 아이가 겪는 어려움을 파악해야 합니다. 우리나라 부모들은 다들 교육 전문가라고 합니다. 모두 자신만의 '공부관'을 가지고 아이 공부를 비평합니다.

실제 학습부진 요인과는 거리가 먼 생각, "계획대로 하지 않아서", "머리도 좋지 않으면서 공부를 열심히 안 해서", "공부하기 싫어하고 놀기만 좋아해서", "꿈이나 목표가 없고 성실하지 않아서" 등등 온갖 오해와 착각에 빠져 있습니다.

아이에게 맞는 학습법을 찾아야 한다는 생각을 미처 못 하고, 무리하게 상위권의 학습법을 강요해서 벌어진 부진한 성적을 모두 아이에게 책임전가하는 것이지요.

> 🧑 소장님 말씀을 들으니 아이는 저를 어떤 엄마로 여기고 있을지, 저는 어제 오늘 아이에게 어떤 위로와 격려를 해주었는지, 아이의 공부 감정과 공부 개성에 얼마나 공감하고 존중해왔는지에 대한 질문들이 생기네요. 더불어 앞으로 아이들을 위해 제가 할 수 있는 것은 무엇일지도 생각해봤어요. 아이의 공부 개성을 긍정적으로 바라봐야겠다는 생각이 듭니다. 아이의 공부습관에 불만스러운 마음이 생길 때마다 공부 감정과 공부 개성을 머릿속에 떠올려야겠어요.

> 🧑 저는 두 아이를 키우고 있는데, 큰애는 조용한 독서실 환경에서 공부하는 걸 좋아하는 반면, 작은애는 왔다갔다 입으로 중얼중얼 시끄럽게 떠들면서 공부하는 걸 좋아해요. 도대체 큰애는 안 그랬는데 둘째는 왜 그럴까

이해하지 못했죠. 소장님 말씀을 듣고 생각해보니 저 또한 다양한 공부 개성을 경험한 적이 있었네요. 중학생 때 친구들과 시험 전날 모여 같이 공부하면 저마다 공부 방법이 달랐어요. 어떤 친구는 중요한 내용을 여러 번 쓰면서 공부했고, 어떤 친구는 중얼거리며 암기했죠. 저는 조용해야 공부가 되는 스타일이라 그렇게 한 번 친구들과 같이 공부해보고 맞지 않아 나중에는 혼자 공부했어요. 저도 경험했던 공부 개성인데, 제 아이들에게는 한 가지 모습만 강요했네요.

아이마다 공부 개성이 있듯이 그 개성을 인정해주고 아이 속도에 맞춰야 한다는 생각이 들었습니다. 부모의 강요가 아닌 아이 속도에 맞춰 공부 감정이 긍정적인 방향으로 가도록 지켜봐야 하는데, 큰아이는 제가 원하는 대로 잘 따라주어 어려움을 느끼지 못했어요. 그런데 작은아이가 천방지축에다 황소고집이어서 왜 첫째랑 다른지 이해하지 못하고 섬세하게 신경써주지 못했던 것 같아요. 아이의 개성대로 지켜봐주는 엄마가 되고 싶었는데, 결국에는 제 의지와 계획대로 아이를 관리하며 공부 감정을 망치고 있지 않았는지 반성하며 점검해보려고 합니다.

자신의 공부 개성에 맞는 학습법을 활용하면 제가 늘 강조하는 공부의 세 가지 맛, 재미와 의미 그리고 성취감을 맛볼 수 있습니다. 이걸 경험하면 공부 상처로부터 빠르게 벗어날 수 있습니다. 상위권을 좇다 가랑이 찢어진 중위권의 비명이 들리는 듯합니다. 제발 자신만의 속도와 관심 그리고 방법에 맞게 공부할 수 있는 기회를 달라는 절규가 들리는 듯합니다.

중위권 학부모를 위한 공부·진로·진학

1등이면 다 되는 사회에서, 학교에서 철저하게 무시당한 자신의 공부 개성을 부여잡고 간절히 도움을 청하는 중위권들을 진심으로 위로하고 격려해줄 사람 누구일까요? 비록 시험공부에는 불리하지만 얼마든지 공부 감정을 살리면서 공부 개성에 맞는 학습법을 찾아간다면 얼마든지 상위권과도 경쟁할 수 있다는 자신감을 심어줄 사람 누구일까요?

사람들이 모두 다르게 생긴 것처럼 공부하는 방법에도 개성이 정말 중요합니다. 나름 노력했지만 기대한 성적을 얻지 못하는 경우를 분석해보면 대부분 자신의 공부 개성에 맞지 않는 방법으로 공부했기 때문입니다. 그런 진실을 들여다보지 않고, 1등의 공부비법만을 좇는 현실이 안타까울 따름입니다.

04

가장 부작용 없는 사교육 활용법, 메타인지

부모가 중위권 아이의 약점을 보완하는 방법으로 선택하는 것이 사교육입니다. 하지만 부모가 반드시 알아야 할 중요한 사실이 있습니다. 돈 값을 해야 하는 사교육은 대부분 실적 입증에 유리한 상위권 아이 위주로 운영된다는 점입니다. 진도를 나가는 속도는 물론, 수업 방식과 평가 그리고 자습을 관리하는 방식 모두 상위권 아이에게 적합하게 설계되고 운영되기 때문에 중위권은 자칫 들러리로 전락하기 쉽습니다. 잘 따라가는 상위권 친구와 그렇지 못한 자신을 비교하면서 자괴감에 빠지거나 자신감을 잃는 아이들을 많이 봐왔습니다.

아이의 공부를 돕기 위한 노력과 투자가 오히려 아이 공부를 망친다면 부모로서 너무 억울하지 않나요? 사실 중위권의 경우, 득보다 실이 큰 사교육의 부작용은 매우 심각합니다. 어려서부터 수학학원에 오래 보냈지만 효과를 보기는커녕 많은 아이가 수학을 포기하고 마는 현실이 그 증거지요.

하지만 안타깝게도 학교와 교사에 대해서 비판적인 부모도 사교육에 대해서는 별다른 불만을 갖지 않습니다. 비싼 돈을 주고 학원에 보냈는데 합당한 효과를 보지 못하면 따져 물을 만도 한데 대부분 아이 탓을 하고 맙니다. 사교육 효과를 입증하는 소수 성공사례에 주눅 들어, 열심히 하지 않은 아이 탓을 하는 과정에서 사교육의 문제점은 더욱 숨겨집니다.

중위권 약점을 보완하는 공부법

저는 사교육을 포함해 다양한 학습자원을 부작용 없이 활용하면서 중위권의 약점을 효과적으로 보완할 수 있는 방법으로 메타인지 능력을 권합니다. 메타인지에 대한 사전적 정의는 자신의 인지적 활동에 대한 지식과 조절입니다. 즉, 내가 무엇을 알고 무엇을 모르는지 바로 알고, 자신이 모르는 부분을 보완하기 위한 계획과 실행과정을 평가하는 전반을 의미합니다.

쉽게 말해 자신의 감정과 생각에 갇히는 것이 아니라, 자신을 객관화하여 바라보는 능력입니다. 가끔 지난 시간을 되돌아보면서 반성할 때 사용하는 반추지능을 활용하는 겁니다. 놀랍게도 사람에게는 스스로를 관찰하면서 문제점과 개선책을 찾아내는 두뇌 부위가 있습니다. 다중지능이론에서는 '자기이해지능'이라고 합니다.

흔히 동기부여 방법으로 사용하는 '꿈 찾기 - 목표 정하기 - 계획

세우기 – 실천하기' 공식은 수많은 실패사례를 통해 성공 확률이 높지 않다는 사실이 충분히 입증되었습니다. 억지춘향으로 꿈을 조작하고 욕심을 부려 목표를 정하고 그런 목표를 달성하기 위해 세운 계획과 결심은 의무감만 낳습니다. 해야지 하면서도 몸이 잘 따라주지 않습니다. 결국 작심삼일로 끝나고 맙니다. 실패하고 나면 자신의 의지 부족과 게으름을 탓하지 무작정 결심하는 방법 자체가 잘못되었다는 생각은 하지 못합니다.

그러나 차분하게 자신을 성찰하면서, 언제 결심이 약해졌는지, 왜 실천하지 못했는지, 방해물은 무엇이었는지 하나하나 생각해보는 과정을 거치면 달라집니다. 무작정 결심하는 방법은 쉽지만 실천이 잘되지 않는다는 단점이 있습니다. 그러나 충분한 시간을 두고 메타인지 능력을 활용하여 차근차근 하나씩 되돌아보는 과정을 거치면 시간은 걸려도, 깨달은 것을 실천하기가 매우 쉽습니다. 스스로 깨달은 것들을 대부분 잊지 않고 실천하게 되기 때문입니다.

사교육은 중위권 성적의 자녀를 둔 부모에게 특히 매력적입니다. 아이를 맡겨주면 상위권으로 만들겠다는 약속에 많은 부모가 희망을 걸고 투자합니다. 하지만 시험공부와 성적 경쟁에 유리한 아이에게나 통하는 사교육은 중위권에게는 취약한 경우가 대부분입니다. 사교육 업체는 효과를 입증하기 어려운 중위권은 뒷전이고 상위권에게 집중하여 입시 성공사례를 만들어내는 전략을 구사하기 때문입니다.

이런 속사정을 알기 어려운 중위권 부모들은 애꿎은 아이만 타박합니다. 같은 학원에 다니면서 상위권이 된 아이들과 끊임없이 비교하기 시작하면 부모와 아이 사이는 엉망이 됩니다. 대치동 사교육 현

중위권 학부모를 위한 공부·진로·진학

장에서 수없이 확인한 안타까운 현실은 끊이지 않는 부모와 아이 사이의 갈등입니다. 부모가 투자한 만큼, 기대한 만큼 성적이 나오지 않는 아이를 부모는 불만이 가득한 시선으로 바라봅니다. 실망스런 아이의 성적이 머리에서 떠나지 않기 때문에 부모들은 아이가 하는 짓이 대부분 마음에 안 듭니다.

자신의 일거수일투족이 다 불만인 부모와 함께 지내는 아이 마음은 어떨까요? 부모의 부정적인 시선, 끊임없는 감시와 독촉은 강한 스트레스를 유발합니다. 부모의 감시가 조금이라도 느슨해지면 온갖 수단과 방법을 동원하여 스트레스를 풀기 위해 안간힘을 씁니다. 그런 아이의 모습은 부모의 불만을 더욱 크게 키우고 더 강한 방법으로 아이를 압박하게 되는 악순환으로 되풀이됩니다.

이제 장면을 바꿔 부모와 아이가 갈등 상황에서 빠져나와 메타인지를 활용해 함께 작전을 짜봅시다. 상위권이 되고 싶은 아이 뜻을 이루기 위해 어떤 노력을 해야 하는지 안내하겠습니다. 먼저 'ABC 모델'이라는 작전지도를 활용하는 법을 설명해보겠습니다.

ABC 모델의 A. 선행자극

주로 기업체에서 업무 혁신 프로세스로 적용하는 'ABC 모델'이 있습니다. 이 모델을 응용하여 메타인지 능력을 활용하면 부모와 아이의 협력을 통해 효과적인 공부 성과를 가져올 수 있습니다.

첫 번째, ABC 모델의 A는 'Antecedent'의 머리글자를 딴 '선행자극'입니다. 공부를 시작하기 전에 왜 공부해야 하는지 목적이 분명해야 합니다. 여기서 매우 중요한 게 목적과 목표를 구분하는 일입니다.

목적과 목표는 다릅니다. 좋은 대학에 가는 건 목적일까요, 목표일까요? 맞습니다. 목표입니다. 성적을 올리는 것도 목적이 아닌 목표입니다.

더 구체적인 예를 들어보겠습니다. 엄마는 아이에게 수학 성적이 낮으니까 학원에 가라고 합니다. 하지만 아이는 수학을 공부하기 싫습니다. 엄마는 압력을 가하고 아이는 압력에서 벗어나려고 하면서 갈등이 생깁니다. 서로 애써도 긍정적인 결과는커녕, 점점 수학 성적이 떨어지는 겁니다. 목적의식이 분명하지 않은 상태에서 자꾸 목표 달성만 의식하면 중위권 아이들은 대부분 공부의욕을 잃어버립니다. 상위권처럼 목표 달성이 쉽지 않기 때문에 자기는 열심히 해도 안 된다는 자괴감에 쉽게 빠지고 스트레스가 심해져 아무리 공부의지가 강해도 집중할 수 없게 됩니다.

수학 성적을 올리겠다는 목표는 잠시 머리에서 지워야 합니다. 그리고 부모와 아이가 서로 합의할 수 있는 목적, 즉 긍정적인 공부 감정을 느끼는 것을 목적으로 세워야 합니다. 공부하면서 아이 스스로 만족감이라는 유쾌한 감정을 느껴야 합니다. 수학공부를 재미있게 하는 것을 목적으로 하면 부모와 아이 사이에 갈등이 생길 까닭이 없습니다.

공부에는 재미, 의미, 성취감이라는 세 가지 맛이 있습니다. 노력해도 성적이 잘 오르지 않는 중위권 아이들은 공부한 만큼 쉽게 성적이 올라 동기부여가 되는 상위권 아이들과 달리 공부하는 순간에 긍정적인 감정을 느끼는 것으로 충분한 보상을 받을 수 있어야 합니다. 그래야 공부 집중력을 유지할 수 있습니다. 즐겁고 신나게 공부하는 것 자체가 목적이라고 하는데 아이가 거부할 이유가 있을까요? 목적 달성을 위해 충실하게 노력하면 목표는 선물처럼 주어지는 겁니다. 원하는 대학과 학과에 합격하는 것은 목표인데, 그런 부담스러운 목표를 아이에게 계속 강요한다면 아이는 일상적으로 스트레스 상태에 빠져 공부에 집중할 수 없을 겁니다. 오히려 목표 달성에 실패했다고 봐야 합니다.

우리나라에 널리 알려진 미하이 칙센트미하이Mihaly Csikszentmihalyi의 '몰입' 연구도 오히려 목표를 의식하지 않고 목적에만 전념하는 것이 역설적으로 목표 달성에 가장 효과적이라고 말합니다. 제가 상담을 통해 확인한 성적 역전 스토리의 주인공들도 비슷한 결론을 보여주었습니다. 그들은 처음 공부를 시작했을 때 뚜렷한 목표를 가지고 있었고, 열정도 넘쳤습니다. 하지만 실제 공부를 시작하고 나서는 오히려 목표를 의식하는 것이 방해가 되었다고 합니다. 달성하기 어려운 목표를 의식할수록 마음이 조급해지면서 집중력이 급격하게 떨어졌기 때문입니다. 목표가 아예 중요하지 않다는 말이 아닙니다. 일단 공부를 시작하면 목표는 생각에서 지우고, 공부하는 내용에서 만족감을 찾는 것이 중요하다는 말입니다. 앞서 설명한 '인지적 실재감'을 느끼기 위해 노력하는 것과도 같은 의미입니다.

ABC 모델의 A단계에서 A(선행자극) 못지않게 중요한 것이 바로 적정 난이도의 선택입니다. 중위권 아이가 조급하게 상위권이 되겠다는 생각을 가지는 것은 위험합니다.

근접발달영역
(Zone of Proximal Development; ZPD)

이해를 돕기 위해 러시아의 유명한 교육학자 레프 비고츠키Lev Semenovich Vygotsky가 주창한 근접발달영역을 살펴보겠습니다. 레프 비고츠키가 말한 '학습된 영역'은 학생이 이미 알고 있는 내용에 해당합니다. 따라서 학습된 영역에서 공부하게 되면, 이미 아는 것을 확인하는 과정이기 때문에 '시시하다, 지루하다, 빤하다'와 같은 감정이 일어납니다. 당연히 공부하고 싶은 마음을 유지하기가 쉽지 않습니다. 그러나 학습된 영역을 둘러싼 '근접발달영역'에서 공부가 이뤄지면 '궁금하다, 재미있다, 알고 싶다'와 같은 감정이 자연스럽게 일어납니다. 하지만 학생이 욕심을 부려 '잠재적 발달영역'으로 난이도를 높여 공부하면 '모르겠다, 답답하다, 짜증난다'와 같은 감정을 느끼기 쉽기 때문에 집중력을 유지하기가 어렵습니다.

중위권 아이들에게 이를 적용하려면 공부를 시작하기 전에, 위 그림에서 근접발달영역에 해당하는, 적정한 난이도의 교재와 내용 그리고 문제를 미리 선택해야 합니다. 아이들에게 공부를 시작하기 전에 교재를 미리 살펴보면서 아는 내용이라고 생각되면 동그라미(학습된 영역), 공부하면 알게 될 것 같은 내용은 세모(근접발달영역), 공부해도 모를 것 같은 내용은 가위표(잠재적 발달영역)를 하도록 한 다음에 가급적 세모 표시한 부분을 중심으로 공부하도록 했더니 놀랄 정도로 집중력을 발휘하고 오래 유지하는 모습을 확인할 수 있었습니다. 문제를 풀 때도 공부하고 싶은 마음을 빼앗는 어려운 문제를 미리 확인한 다음에 피해가면서 공부할 수 있도록 했더니 집중력을 계속 유지하는 모습을 보였습니다.

유쾌한 공부 감정 살리는
난이도의 문제 접하기

특히 중위권은 공부 집중력을 흩트리지 않는 적정 난이도의 범위를 미리 선택한 상태에서 자연스럽게 공부에 집중하는 경험이 필요합니다. 그런데도 많은 부모가 욕심을 내어 "너 언제까지 쉬운 것만 할 건데? 어려운 문제를 풀어야 실력이 늘지!"라고 말합니다. 그 결과 아이의 공부 감정은 엉망이 되고 공부를 기피하게 됩니다. 본인에게 체감 난이도가 높은 문제를 풀면서 실력을 기르는 방법은 주로 상위권 학생에게 적합합니다. 중위권은 재미있게 잘 풀리는 문제를 충분히 많

05 다음 중 영양소 분해 과정에서 생성된 노폐물과 배설 과정에 대한 설명으로 옳은 것은?

① 이산화 탄소는 들숨을 통해 몸 밖으로 나간다.
② 물은 폐에서 수증기의 형태로 몸 밖으로 나간다.
③ 지방의 분해 결과 질소가 포함된 물질이 생성된다.
④ 단백질의 분해 결과 물과 이산화 탄소만 생성된다.
⑤ 영양소의 분해 과정에서 공통적으로 생성되는 물질은 물과 암모니아이다.

06 다음 특징에 해당하는 기관의 이름을 쓰시오.

• 강낭콩 모양으로 주먹만 한 크기이다.
• 허리의 등 쪽 척추 좌우에 한 쌍이 있다.
• 혈액 속 노폐물을 걸러주어 오줌을 생성한다.

[07~08] 오른쪽 그림은 사람의 배설 기관을 나타낸 것이다. 물음에 답하시오.

07 A~D의 이름을 옳게 짝지은 것은?

① A - 방광 ② B - 세뇨관
③ B - 오줌관 ④ C - 콩팥
⑤ D - 집합관

08 위 그림에 대한 설명으로 옳은 것은?

① A는 노폐물을 걸러내어 오줌을 생성한다.
② B는 오줌을 일시적으로 저장하는 곳이다.
③ C는 오줌을 몸 밖으로 내보내는 곳이다.
④ D는 걸러진 노폐물을 방광으로 이동시킨다.
⑤ 콩팥으로 들어오는 혈액이 나가는 혈액보다 노폐물의 양이 적다.

09 오른쪽 그림은 콩팥의 단면 구조를 나타낸 것이다. 이에 대한 설명으로 옳지 않은 것은?

① A는 겉질로, 말피기 소체가 분포한다.
② B는 속질로, 세뇨관이 분포한다.
③ C는 오줌을 잠시 저장하였다가 오줌관으로 내보내는 콩팥 깔때기이다.
④ D는 콩팥 동맥으로, 노폐물이 걸러진 깨끗한 혈액이 흐른다.
⑤ E는 오줌관으로, 콩팥에서 생성된 오줌을 방광으로 보내는 긴 관이다.

[10~11] 다음 그림은 사람의 콩팥 구조 중 일부를 나타낸 것이다. 물음에 답하시오.

10 A~E의 이름을 옳게 짝지은 것은?

① A - 사구체 ② B - 모세 혈관
③ C - 콩팥 동맥 ④ D - 세뇨관
⑤ E - 보먼주머니

11 위 그림에 대한 설명으로 옳지 않은 것은?

① A의 혈압은 B보다 높다.
② A와 B를 합쳐 말피기 소체라고 한다.
③ C는 노폐물이 걸러진 혈액이 흐르는 혈관이다.
④ D는 만들어진 노폐물을 콩팥 깔때기로 보낸다.
⑤ E가 주로 분포하는 곳은 콩팥의 안쪽 부분이다.

12 받침 유리 위에 오줌 한 방울을 떨어뜨리고 알코올램프로 가열한 후 현미경으로 관찰했을 때 나타나는 길쭉한 육각형 결정체는 무엇인가?

① 요소 ② 포도당 ③ 단백질
④ 암모니아 ⑤ 탄수화물

이 풀면서 숙달한 뒤, 천천히 난이도를 높이는 방법이 더 적합합니다.

A, 선행자극에 중요한 부분은 공부하다가 어려움을 느낄 때 도움받을 수 있는 기회를 미리 준비하는 겁니다. 엄마 주도의 사교육은 대부분 부작용, 역효과가 큽니다. 아이가 "엄마, 혼자 공부하니까 어려워"라고 말할 때 사교육을 활용해야 합니다. 학원의 시스템에 아이를 집어넣는 게 아니라 우리 가정의 공부 시스템, ABC 모델에 맞게 사교육을 활용하는 거죠. 영어 성적이 부진하니까 영어학원에 보내고, 수학 성적이 엉망이니까 수학학원에 보내는 방식은 대부분 실패합니다. 아이가 자신이 선택한 적정 난이도의 범위에서 유쾌한 공부 감정을 느끼면서 공부하다가 어려움이 생겼을 때 그 문제를 해결하기 위한 효과적인 방편을 찾는 차원에서 사교육을 고려해야 합니다. 특히 중위권은 공부하다가 이해되지 않는 대목을 만났을 때 질문을 통해 해결할 수 있는 방법이 준비되어 있지 않으면 공부 집중력을 유지하기가 어렵습니다. 공부하다 어려움이 생기면 어떻게 해결한다는, 일종의 시나리오를 준비하는 것까지가 ABC 모델의 A입니다.

ABC 모델의 B, 학습활동

ABC 모델의 B는 행동을 뜻하는 Behavior의 머리글자로 '학습활동'을 말합니다. 중위권 아이의 문제점 중 하나가 공부하면서 복잡하거나 어렵다고 느껴지는 순간 집중력이 급격히 떨어진다는 것입니다. 따라서 공부하다 어려움이 생기면 어떻게 대처하겠다는 시나리오를 능숙하게 적용하는 연습이 필요합니다.

예를 들어 너무 어렵게 느껴지는 내용이 나오면 잠시 이해하기 위해 노력해보고, 그래도 잘 안 되면 계속 매달리기보다 누군가에게 질문한다는 식의 시나리오를 준비하여 실제 적용해보는 과정이 필요합니다.

공부하는 내용이 너무 어렵게 느껴지면 갑자기 집중력이 떨어지는데 그럴 때는 어떻게 대처할지 시나리오를 준비하는 것이 ABC 모델의 A라면, 시나리오대로 공부 집중력을 계속 유지할 수 있도록 실제 공부하면서 연습하는 과정을 B라고 생각하면 됩니다.

특히 중위권 아이는 갑자기 공부하기 싫어진다는 느낌이 드는 순간, 그 느낌에 빨려 들어가지 않고 메타인지 능력을 발휘하여 원인을 찾아 대처하는 연습이 필요합니다. 공부 거부감을 일으키는 내용에 체크했다가 누군가에게 질문한다거나, 표시해놓고 일단 넘어간 다음에 나중에 공부한다거나, 사전이나 인터넷을 활용하는 등, 이해하기 위한 노력들이 필요합니다. 이와 같은 방법을 미리 준비하다가 실제 상황에서 지체 없이 활용해 공부 집중력이 흐트러지는 것을 막아야 합니다.

학습활동 단계에서 이런 준비와 연습이 제대로 되어 있지 않으면 대부분은 자신도 모르게 딴짓하게 됩니다. 흔히 부모들이 생각하는 것처럼 정신이 흐리멍덩해져서 딴짓하는 것이 아닙니다. 집중하고 싶지만 순간적으로 공부 거부감이 일어나 집중력을 유지하기 어려운 조건에 갇히는 것입니다.

사교육은 아이가 학습활동을 하는 과정에서 겪는 어려움을 해결하는 수단으로 활용하는 것이 가장 효과적입니다. 그래서 중위권 아이의 경우 가급적 유명한 학원보다 관심을 가지고 아이가 필요로 하는 것에 성심성의껏 도움을 줄 수 있는 학원을 찾아야 합니다. 자신들의 시스템에 아이를 집어넣어 따라오라고 요구하는 것이 아니라 아이의 상황을 충실히 파악하여 맞춤형으로 필요한 도움을 제공해야 합니다. 아이의 성향에 따라 다르겠지만 중위권 아이에게는 작은 학원이나 공부방, 개별 과외가 더 적합한 경우가 많습니다. 아이의 학교 진도를 함께 따라가면서 아이가 어려워하는 문제를 함께 해결해 나가야 합니다.

ABC 모델의 C, 후속자극

ABC 모델의 C는 Consequence의 머리글자를 딴 '후속자극'입니다. 학습활동을 마치고 난 다음에 필요한 후속 조치를 의미합니다. 중위권 아이가 공부하며 집중력을 장시간 유지하는 것은 생각보다 어려운 일입니다. 대부분이 중간에 집중력이 떨어지는데 그 과정을 아이와 찬찬히 살펴보면서 어떤 느낌과 감정이 들었는지, 그래서 어떻게 했는지 이야기해보는 시간이 필요합니다. 결과적으로 아이의 집중력이 많이 흐트러졌더라도 나름 집중력을 유지하기 위해 노력했던 과정에 주목하여 칭찬해주는 것이 꼭 필요합니다.

결과에 대한 칭찬이 주로 상위권 아이에게 적합한 동기부여 방법이라면, 중위권 아이에게는 노력 자체에 박수를 보내는 과정 중심의 칭찬이 필요합니다. 비록 결과는 좋지 않더라도 과정에서 애쓴 노력을 충분히 인정해주지 않으면 다시 공부 상처가 마음을 지배해 의욕을 잃게 되기 때문입니다. 노력한 것보다 결과가 만족스럽지 못한 중위권 아이는 쉽게 불안감에 사로잡힙니다.

"그렇게 열심히 공부했다면서 이런 성적이 나오다니! 정말 열심히 한 거 맞아?"

혹시 이런 말을 아이에게 해본 적 없으신가요? 아이가 열심히 하고 싶어 했던 진심은 못 보고, 아이가 듣기 싫어하는 말만 하는 부모를 보면 정말 안타깝습니다.

결과는 실망스러워도 아이 스스로 공부한 과정에 뿌듯함을 느끼려면 특히 부모님이 진심으로 결과보다는 과정을 중시하는 태도를 가져야 합니다. 진정한 자신감은 결과가 좋아서 자연스럽게 생기는 것이 아닙니다. 어떤 결과가 나오더라도 열심히 노력한 과정에서 보람을 느낀다면 그것이 곧 자신감과 의욕으로 연결되지요.

자신감을 위해 Feedback의 F를 추가

원래 ABC 모델은 C에서 끝납니다. 그러나 저는 Feedback의 F를 추가해서 ABC 전체 과정을 되돌아보길 권합니다. 중위권에 머무는 성적 때문에 불안하고 좌절하기 쉬운 심리 상태에서도 자신감을 잃지 않으려면 본격적으로 메타인지 능력을 활용하여 하나하나 꼼꼼하게 점검하는 시간을 가져야 합니다.

중위권 학부모를 위한 공부·진로·진학

"이렇게 약점을 찾아 보완하면 반드시 좋은 결과를 얻게 될 거야!"

이런 생각이 바로 자신감과 의욕을 낳기 때문입니다. 경기를 마친 운동선수가 자신의 경기 장면을 다시 살펴보면서 보완해야 할 점을 찾는 것과 비슷합니다. 프로 바둑기사들이 대국이 끝나면 복기하면서 왜 악수를 두었는지, 더 좋은 수는 없었을까 생각해보는 것과 비슷합니다. 공부를 준비하는 과정인 A에 문제가 없었는지, 목표에 마음을 빼앗겨 유쾌한 공부 감정이라는 목적을 잃지는 않았는지, 조급하게 성적을 올리고 싶은 욕심 때문에 적정 난이도를 벗어나 오히려 집중력이 흐트러지지 않았는지, 공부하는 과정인 B에 문제는 없었는지, 집중력이 흐트러지는 순간을 알아차리고 효과적으로 잘 대처했는지, 후속조치인 C에서 빠진 것은 없는지, 적절했는지 자신의 공부 모습을 관찰하는 과정을 거르지 말아야 합니다.

공부방법에서 어떤 문제점이 발견되면 부모와 아이가 서로 협력하여 어떻게 해결하면 좋을지 상의하는 과정을 꼭 가지십시오. 분명 상위권으로 도약할 수 있는 힘을 기를 수 있습니다.

저는 ABC 모델 중 A가 가장 중요하다고 생각해요. 선행자극이라고 하셨는데 쉽게 말하면 자기주도 학습에서 빼놓을 수 없는 동기부여인 것 같아요. 아이가 늘 하는 말이 있어요. "엄마, 수학공부 왜 해야 해?", "엄마도 수학 잘했어?" 왜 공부를 해야 하느냐고 묻기도 했지만, 유독 싫어하고 어려워서 점수도 잘 안 나와 자존감을 떨어뜨리는 수학을 왜 공부해야 하는지 자주 물었어요. 지금 돌이켜 보니 그게 바로 선행자극이 필요한 이유라는 생각이 드네요. 말씀하신 목표와 목적의 구분도 명확해야 할 것 같고요. 저는 선행자극을 위해 노력하는 과정에서 아이의 자존감이 높아지고 공부의욕도 커진다고 생각해요.

두 아이가 초등학생일 때 시험 보고 오면, 큰아이는 "엄마 나 이번에 100점 받을 거 같아"라며 의기양양하게 들어와요. 그런데 뒤따라 들어오는 작은아이는 시무룩한 표정으로 "엄마 난 이번에 2개 틀려서 92점 나올 거 같아"라고 말해요. 결과는 두 아이 모두 92점 같은 점수를 받아왔더라고요. 메타인지가 이후 학습능력에 많은 영향을 준다고 하는데요. 큰아이 같은 경우는 자신이 시험을 어떻게 봤는지 잘 모르는 거예요. 그냥 막연히 '잘 봤다'고 느끼는데 92점인 데 반해, 작은 아이는 틀린 게 뭔지 정확히 인지하고 점수를 아는 거죠. 이게 바로 메타인지잖아요. 자신이 얼마나 알고 있는지, 나아가 그걸 설명할 수 있는 거요. 학년이 올라갈수록 메타인지 능력이 공부에 효과적으로 작용하더라고요.

저희 아이는 자존심이 세서 그런지, 저나 선생님이나 형이나 그 누구한테도 평가받는 걸 싫어해요. 소장님 말씀을 들으니 피드백이 없어서이지 않을까 싶네요. 아이는 자신만의 학습법과 자극, 동기부여를 갖고 비교적 공부를 잘하고 있지만 피드백의 부재 때문에 뭔가 아쉽고 부족했던 것 같아요. 무슨 일이든 되돌아보는 과정은 필요하잖아요? 예를 들면 목표를 잘못 설정하지 않았는지, 학습활동에서 공부방법을 획일화시켜 응용력을 떨어뜨린 건 아닌지, 후속조치에서 스스로 합리화해 좋은 결과를 놓친 건 아닌지 등등, 되돌아보는 과정이 필요한 것 같습니다.

중위권 학부모를 위한 공부·진로·진학

위로가 필요한 때는 위로를, 격려가 필요할 때는 격려를

다음은 메타인지 능력을 활용해 하루 공부를 되돌아보면서 부모와 아이가 나눈 대화입니다.

"엄마, 오늘 수학시간에 집중력이 떨어진 적이 있는데, 왜 그랬는지 생각해봐야겠어."

"그래, 천천히 그 상황을 떠올려봐. 엄마한테 설명해줄 수 있겠니? 왜 그랬는지 같이 생각해보자."

이런 대화가 오고 가는 중에 부모는 아이에 대한 굳건한 믿음을 갖게 됩니다. 상위권 성적의 친구들보다 불리한 조건에서 어려움을 겪고 있지만 좌절하지 않고 노력하는 아이 모습을 보면서 부모로서 해야 할 역할을 분명하게 확인할 수 있습니다. 또한 막연히 성적이라는 결과만 놓고 천당과 지옥을 오가는 것이 아니라 나름 수집한 정보를 활용해 아이에게 실질적인 도움을 줄 수도 있습니다.

학원에 보내버리고 마는 부모가 아니라 아이와 충분한 대화를 하면서 아이에게 꼭 필요한 것이 무엇인지 확인하고 도움을 주는 부모는 초조하거나 불안하지 않습니다. 부모와 아이가 서로 믿고 의지하면서, 필요할 때마다 작전회의를 통해 해결책을 찾아 꾸준히 노력하면 반드시 원하는 결과를 얻을 것입니다. 당장 기대한 결과가 나오지 않더라도 실망하지 말고 오히려 아이를 격려해주십시오. 그러면 스스로 훌륭한 부모라는 자부심도 갖게 됩니다.

상위권 성적의 아이가 봄에 피는 꽃이라면 중위권 성적의 아이는 가을이 되어야 수확할 수 있는 곡식인 것 같습니다. 가뭄, 태풍 같은 시련을 견디고 알곡이 무르익을 때까지 기다려야 합니다. 부모는 압박하고 아이는 수용하는 방식으로는 결코 풍성한 가을의 결실을 기대할 수 없습니다. 사람이라면 누구나 뇌에 장착된 메타인지 능력을 활용하여 진정한 대화를 할 수 있습니다. 위로가 필요할 때는 위로를, 격려가 필요할 때는 격려를, 지원이 필요한 때는 지원을 해주는 부모가 되어 진정한 부모의 보람과 행복을 꼭 누리셨으면 좋겠습니다.

공부에는 재미, 의미, 성취감이라는 세 가지 맛이 있습니다. 노력해도 성적이 잘 오르지 않는 중위권 아이들은 공부한 만큼 쉽게 성적이 올라 동기부여가 되는 상위권 아이들과 달리, 공부하는 순간에 긍정적인 감정을 느끼는 것으로 충분한 보상을 받을 수 있어야 합니다. 그래야 공부 집중력을 유지할 수 있습니다.

중위권 학부모를 위한 공부·진로·진학

05

부모의 낙오 공포가
아이의 만성 스트레스를 만든다

요즘 부모들이 가진 불안감은 그 어느 때보다 높은 것 같습니다. 불안한 상태에서 부모 역할을 잘하는 것은 정말 어려운 일입니다. 특히 중위권 성적에서 계속 벗어나지 못하는 아이를 보면서 불안한 부모일수록 상위권으로 만들어주겠다는 사교육 업체의 유혹에 쉽게 넘어가게 됩니다. 자식이 잘되기를 바라는 마음은 부모의 진심입니다. 하지만 앞에서 살펴본 것처럼 아이에게 유리한 길을 찾으려 노력하는 것이 아니라, 불리한 경쟁으로 내모는 순간부터 부모의 진심은 빗나가기 시작합니다.

여기에서 중요한 질문을 던져봅니다. 부모 역할을 위기로 몰고 가는 불안은 과연 부모의 진심일까요, 욕심일까요? 불안이 진심이라면 어쩔 수 없지만 욕심이라면 욕심에서 벗어나는 방법부터 찾아야 합니다. 욕심을 부리면 반드시 뒤탈이 생기기 마련입니다. 아이를 위한다고 생각하지만 사실은 자신의 불안감 때문에 아이에게 욕심을 부리는 상태라면 부모 역할을 제대로 하기가 어렵다는 사실을 기억하십시오.

부모 역할이 어려운 이유는 부모로서 자질이나 노력, 정성이 부족해서가 아니라 아이에게 필요한 것이 무엇이고 아이가 진심으로 원하는 것이 무엇인지 제대로 알아차리지 못하기 때문입니다. 불안의 출처를 알아차리지 못하면 부모 역할은 엉망이 되고 맙니다. 지나치게 흥분한 상태에서 평생 후회하게 될 사고를 치는 것과 같은 이치입니다.

제가 부모교육을 할 때 가장 중요하게 생각하는 점이 바로 이것입니다. 불안을 유발하는 사회적인 요인을 알아차림으로써 욕심에서 벗어나 진심을 회복해야 합니다. 하지만 대부분 부모가 진심인지 욕심인지 왜 따져 묻냐고 합니다. 부모 마음이 원래 다 불안한 거 아니냐는 거죠. 저는 대다수 부모가 느끼는 불안감을 그냥 놔둘 수 없습니다. 불안이야말로 부모 역할을 수렁으로 빠뜨리는 주범이라는 사실을 수도 없이 확인했기 때문입니다.

부모의 불안이 만든 현실

우리나라 부모들의 고질병인 만성적인 중증 불안감 치료법은 뒤에서 자세히 다루겠습니다. 여기에서는 부모의 불안감이 아이에게 얼마나 치명적일 수 있는지, 좀 더 깊이 알아보고자 합니다.

중위권 학부모를 위한 공부·진로·진학

늘 강조하지만 부모의 불안은 아이의 정신세계를 감싸는 안개와 같은 스트레스를 유발합니다. 만성적인 스트레스에 빠진 아이들은 자신의 삶을 살지 못합니다. 부모의 눈치를 보고 비위를 맞추기 위해 애씁니다. 부모가 조금이라도 불안감을 덜 느끼도록 하는 데 온통 신경이 쏠려 있습니다. 부모의 기분에 따라 자기 삶의 질이 크게 달라지기 때문입니다. 이렇게 부모의 손아귀에서 벗어나지 못한 채 삶의 주도성을 부모의 불안감에 빼앗긴 아이들이 너무나 많습니다.

이런 아이들은 부모와 함께 사는 것이 스트레스입니다. 시도 때도 없이 스트레스 상태에 빠져들게 되고, 조금이라도 기회가 생길 때마다 스트레스 해소에 매달려야 겨우 정신건강을 유지할 수 있습니다. 부모의 눈을 피해 온갖 잔꾀를 부려 게임이나 SNS를 하면서 느낄 수 있는 기분 좋은 감정이 부족해지면 무기력해지거나 심지어 우울증에 걸리기도 합니다.

부모 역시 자신도 원치 않는 괴로운 불안감에 빠져들어 아이에게 스트레스를 주고, 스트레스를 느낀 아이들도 그 상태에서 벗어나기 위해 안간힘을 써야 하는 상황은 분명 비극입니다. 서로 힘을 합쳐도 쉽지 않은 상황에서 원망하는 관계가 되고 맙니다.

부모 마음이 불안에서 벗어날 때 비로소 아이들은 현실과 직면하여 자기 삶을 걱정하기 시작합니다. 스트레스 상태에 있는 상황이 문제지 멀쩡한 아이들은 결코 바보가 아닙니다. 열심히 공부하지 않으면 살아갈 수 없는 세상이라는 사실을 너무도 잘 압니다. 부모가 불안감에서 벗어나는 만큼 아이들은 불안해집니다. 공부를 열심히 하지 않으면 평생 고생하며 살게 된다는 생각을 아이들 스스로 절실하게 하게 되기 때문입니다.

부모의 걱정 때문이 아니라 자신의 내일을 위해 열심히 살아야 한다고 생각하는 것이 순리입니다. 역설적이게도 부모가 불안감에서 벗어나면 그때 비로소 아이 스스로 불안해져 자발적으로 노력하는 모습을 보입니다. 반면 불안한 상태에서는 아이에게 스트레스를 주고 결국 자기 인생보다 스트레스 해소에 관심을 기울이게 만듭니다. 결국 불안한 상태에서의 부모 역할이 문제입니다. 열심히 살아야 한다는 삶의 동기를 빼앗아, 공부는 뒷전이고 놀고 싶은 마음만 부추기기 때문에 부모 노릇이 정말 어렵게 되는 겁니다.

부모의 낙오 공포 바로 보기

'낙오 공포'를 호소하는 부모들도 늘어나고 있습니다. 아이를 믿고 아이에게 자율권을 부여하는 훌륭한 부모들이 오히려 낙오 공포에 떠는 기이한 현상이 나타나고 있습니다. 스스로 잘하는 아이를 믿고 그대로 쭉 가면 되는데, 그놈의 불안감 때문에 갈팡질팡하다가 결국 정상궤도에서 이탈하여 부모도, 아이도 엉망이 되는 경우가 비일비재합니다.

> 제 이야기 같아요. 아이에게 최선을 다하는 다른 어머니들과 달리 전 아이에게 이것저것 던져주고 알아서 하라고 하는 간 큰 엄마예요. 학원도 아이가 원치 않아서 안 보내요. 고맙게도 아이가 스스로 공부해요. 그럼

중위권 학부모를 위한 공부·진로·진학

얼마나 마음 편하겠냐고 말하는 이들도 많은데, 저도 늘 불안합니다. 잘한다는 것도 어디까지나 제 기준이니까요. 제 게으름이, 믿음을 빙자한 방치가 더 잘할 수 있는 아이를 망치는 게 아닐까 불안해요. 중·고등학교에 가서 엄마의 전폭적인 정보력과 사교육으로 무장한 다른 아이들을 보며 제 아이가 절망하진 않을까? 저를 원망하지 않을까? 지금이라도 뭔가 해줘야 하지 않을까? 지금 소중한 시간과 기회를 낭비하고 있지 않나 고민이 되거든요.

저도 아이가 하는 공부의 기준을 언제나 행복에 두려고 하고 있어요. 영어유치원에 보내고 싶었지만, 그것이 제 욕심이 될까 봐 포기했고 사교육 하나 시키는 것도 많이 고민했어요. 그런데 아이가 초등학교에 들어가고 아이도 원해서 영어학원과 수학학원에 보내기 시작했는데 테스트 시험을 하고 난 선생님들이 하나같이 제 아이가 너무 늦게 시작했다며, 다른 아이를 따라잡으면 많이 노력해야 한다고 하더라고요. 제가 아이를 너무 방치한 건 아닐까 하는 불안감과 소장님이 말씀하신 낙오공포 때문에 한동안 괴로웠어요. 저는 제 아이가 학습능력이 뒤떨어진다고 생각해본 적이 없거든요. 제가 가진 마음이 사회의 편견과 고정관념이 심어준 불필요한 공포감이라는 것을 다시 한번 기억해보겠습니다.

다들 미친 듯이 달려가고 있는데 세상 물정 모르고 혼자서만 여유를 부린다고 생각하면 낙오 공포에서 빠져나올 길이 없습니다. 왜 많은 부모가 낙오 공포를 느끼는지 그 상황을 제대로 파악해야 불안에서 벗어날 수 있습니다. 또한 부모 역할을 제대로 할 수 있는 안정적

낙오 공포가 이끄는 대로

조기교육과 선행학습이라는

무한경쟁에 뛰어들 것인가,

아니면 낙오 공포를

사교육이 유발한 조작된

감정으로 바라보고

극복하면서 아이와 같은

속도로 갈 것인가?

인 마음을 유지할 수 있습니다.

한마디로 낙오 공포는 극도의 무질서와 혼란에 빠진 우리나라 교육현실의 산물입니다. 세상이 복잡해질수록 질서가 잡혀야 혼란스럽지 않겠지요? 하지만 우리나라의 교육 질서는 완전히 무너졌습니다. 특히 부모들이 체감하는 교육의 기본질서는 철저히 파괴됐습니다. 바로 조기교육이 '나이'라는 질서를, 선행학습이 '학년'이라는 질서를 무너뜨린 혼란스럽고 비정상적인 상황이, 정상적인 부모들의 마음에 낙오 공포를 불러일으키고 있습니다.

운전할 때 우리는 최소한의 사회적 믿음이 필요합니다. 다른 운전자들도 신호등을 지키고 교통법규를 준수할 것이라는 믿음이 있어야 안심하고 운전할 수 있습니다. 그런데 지금 우리나라의 교육 현실은 아무도 교통신호를 지키고 있지 않습니다. 모두가 미친 듯이 과속하고 있습니다. 모두가 비정상적인 상황에서 일부 정상적인 부모들이 느끼는 감정이 바로 낙오 공포입니다.

결국 부모는 중대한 갈림길에 섭니다. 낙오 공포가 이끄는 대로 조기교육과 선행학습이라는 무한 경쟁에 뛰어들 것인가, 아니면 낙오 공포를 사교육이 유발한 조작된 감정으로 바라보고 극복하면서 아이와 같은 속도로 갈 것인가 결정해야 합니다. 조기교육과 선행학습이라는 방법을 선택한 부모들은 일단 속도를 높여 따라감으로써 낙오 공포를 덜기 위해 안간힘을 씁니다.

조금이라도 앞서가기 위해 노력해야 입시 경쟁에서 승산이 있다고 주장하는 말을 따르면 일시적으로 낙오 공포를 덜 느끼게 됩니다. 하지만 진도를 나가는 속도를 높인다고 중위권이었던 성적이 상위권이 되는 것은 결코 아닙니다. 앞서 지적한 것처럼 상위권이 될 수 있을 것이라는 기대는 잠시뿐, 이내 아이에 대한 실망감이 커지고 초조해지면서 오히려 더 강력해진 불안감을 피할 길이 없게 됩니다.

결국 정상적인 부모 역할을 회복하는 방법은 하나밖에 없습니다. 모두가 신호를 위반하고 과속하는 모습을 보면서 낙오 공포에 빠지는 것이 아니라, 정상적인 부모 역할에 반드시 필요한 안정적인 마음을 유지하는 방법을 터득해야 합니다. '그래 너희들이 언제까지 앞서 가는지 보자. 나는 아이와 함께 신호 지키면서 천천히 갈 거거든. 무리하지 말고 꾸준히 가면 반드시 목적지에 도달할 텐데, 사고라도 나면 어쩌려고 그렇게 서두르는지 몰라! 너무 위태롭고 아이들 생각하면 안타깝네!'

이런 생각이 들면 부모 역할은 정말 쉬워집니다.

부모 역할을 위기로 몰고 가는 불안은 과연 부모의 진심일까요, 욕심일까요? 불안이 진심이라면 어쩔 수 없지만 욕심이라면 욕심에서 벗어나는 방법부터 찾아야 합니다. 욕심을 부리면 반드시 뒤탈이 생기기 마련입니다. 아이를 위한다고 생각하지만 사실은 자신의 불안감 때문에 아이에게 욕심을 부리는 상태라면 부모 역할을 제대로 하기가 어렵다는 사실을 기억하십시오.

중위권 학부모를 위한 공부·진로·진학

06

운전 연습하듯
배우는 마음 챙김

대치동에서 부모 상담을 할 때 아낌없는 찬사를 많이 들었습니다. 상담 결과에 흡족해하는 부모들의 표정을 보면서 뿌듯했던 적이 많았습니다. 하지만 상담할 때의 안정적인 심리 상태와는 달리 일상으로 돌아가면 불안한 상태가 되고 결국 상담 결과는 무용지물이 된다는 사실을 깨닫게 되었습니다.

아이들의 공부 감정을 중시하고 공부 상처에 공감하고 공부 개성을 살릴 수 있도록 노력하겠다는 부모들의 약속은 대부분 지켜지지 않았습니다. 분명 상담하면서 그동안 자신이 놓친 것이 무엇인지 알아차리고, 아이에게 미안하다며 깊이 반성했지만 모두 한순간이었습니다. 많은 부모가 상담실을 벗어나자마자 스멀스멀 올라오는 불안감에 마음이 조급해지고 생각은 짧아졌습니다.

그런 부모들을 돕기 위해 열심히 방법을 찾은 결과가 바로 마음 챙김 3종 세트입니다. 마음 알아차리기, 마음 내려놓기, 마음 쉬게 하기가 그것입니다.

예를 들어볼까요? 시험이 얼마 안 남았는데 아이가 빈둥거립니다. 그런 아이 모습을 볼 때 화가 끓어오릅니다. 불안한 마음도 커집니다. 아이가 밉고 원망하는 마음도 커집니다. 그런 부정적인 마음 상태에서 아이를 대하면 당연히 부정적인 언행을 하게 되고 부모와 아이 모두 기분이 나쁜 상태가 됩니다. 결국 조금이라도 아이가 공부하도록 만들고 싶은 부모의 의도는 무산될 수밖에 없습니다. 부모에게 혼난 아이의 기분은 공부할 수 있는 상태가 아니기 때문입니다.

그런데 부모가 마음 챙김 연습을 통해 자신의 마음에서 부정적인 감정이 일어나고 있다는 사실을 알아차리면 어떨까요? 부정적인 감정 상태를 빠져나와 자신의 마음을 살펴보면 어떻게 될까요? 부정적인 감정을 내려놓고 나면 부모의 진심이 그 자리를 채워줍니다. 시험이 코앞인데 딴짓하는 한심한 아이가 아니라 공부할 것은 많은데 어떻게 할지 몰라 방황하는 아이로 보이는 거지요. 서로를 힘들게 하는 불필요한 감정 소모에서 벗어나 서로에게 힘이 되는 관계를 지킬 수 있습니다.

운전 연습처럼 배우는 마음 챙김

'마음 챙김'에 대해 좀 더 자세히 알아보겠습니다. 마음 챙김은 앞에서 설명한 메타인지와 비슷한 개념이기도 합니다. 자신도 모르게 순간적으로 일어나는 감각, 감정, 생각을 자신과 동일시하는 경우와 메타인지 능력을 발휘해 자신이 느낀 감각, 감정, 생각을 객관화하여 바라보는 경우를 구분할 수 있어야 합니다. 예를 들면 아래와 같습니다.

"왜 이렇게 몸이 찌뿌둥하지? 짜증 나!" VS "오늘은 컨디션 별로인데 짜증 내지 않도록 조심해야겠다!"

"내가 너 때문에 정말 미치겠다니까, 도무지 말을 안 들어!" VS "아! 내 마음에 들지 않는 아이 행동을 보니 또 화가 치미는구나!"

"저렇게 시험기간에도 공부를 안 하니 불안해서 견딜 수 있어야지!" VS "아이가 공부해야 할 때인데 공부하지 않는 모습을 보면서 불안한 마음과 생각이 강해졌구나!"

부모의 진심이나 의지라기보다 주어진 상황에서 순간적으로 느낀 감각과 감정, 생각에 빠져 있는 상태와 바라보는 상태의 차이를 깊이 생각해보시기 바랍니다. 물론 마음 챙김은 쉬운 일이 아닙니다. 자신도 모르게 마음을 지배하는 부정적인 감정을 알아차리려면 많은 연습이 필요합니다. 오래 연습했지만 번번이 감정의 습격에 무너져버리는 자신을 보면서 다른 사람들은 잘되는데 나는 왜 그렇게 어려운 걸까, 자기비하를 하는 경우도 많습니다.

하지만 마음 챙김은 운전 연습과 비슷한 것 같습니다. 도무지 안될 것 같지만 어느 순간부터 조금씩 익숙해지고 있다고 느낍니다. 마음 챙김을 하지 못하고 부정적인 감정 상태에서 이루어지는 부모 역할이 문제입니다. 아무리 어렵더라도 마음 챙김을 통해 부모 역할에 적합한 마음 상태를 만들어야 합니다.

부모에게 필요한 객관화

수용전념치료(ACT)°를 개발한 심리학자들은 자아를 세 가지로 구분합니다.

- 개념화된 자아 : 흔히 말하는 성격과 같은 경향성을 그 사람의 자아로 단정하는 것.
- 지각하는 자아 : 보고, 듣고, 느끼고, 생각하는 상태를 자신이라고 말하는 것.
- 관찰하는 자아 : 흔히 말하는 메타인지와 연결된 개념. 즉 자신을 바라보는 자기.

많은 사람이 '지각하는 자기'가 느끼는 감정을 '개념화된 자기'로 뒷받침하면서 성질을 부리면서 살아갑니다.

"저는 성격이 급해서 그런지 아이가 마음에 들지 않는 행동을 하면

° 스펜서 스미스, 스티븐 헤이즈, 《마음에서 빠져나와 삶 속으로 들어가라》, 학지사, 2010년 1월, 212~223쪽 참조.

중위권 학부모를 위한 공부·진로·진학

참을 수가 없어요."

　일시적인 감정을 자신의 성격으로 단정하는 부모들은 부모 노릇 하기가 점점 어려워집니다. 부모와 아이 사이에 긴장이 고조되고 갈등이 생기면 부모 역할은 빗나가게 됩니다. 일단 부정적인 감정이 올라오는 것을 알아차리고 속으로 말할 수 있어야 합니다. "아! 또 화가 치밀어 올라오고 있구나!"

　물론 이렇게 자신의 마음을 지배하기 시작한 감정을 알아차리고 말로 설명하는 과정은 쉽지 않습니다.

　분명 우리에게는 또 다른 자아가 있습니다. 아이에게 자신도 모르게 화를 냈습니다. 그러고 나면 금방 후회하게 되는데 후회의 주체는 누구일까요? 바로 자신의 감각과 감정, 생각을 관찰하는 자아입니다. 쉽게 말해 화가 났을 때 참지 못하고 화풀이 하는 자아가 '지각하는 자아'라면 화를 내고 나서 후회하는 자아를 '관찰하는 자아'라고 할 수 있습니다.

　모두가 미친 듯이 과속하는 상황을 지각하는 자아는 불안감에 떨 수밖에 없습니다. 부모는 아이 때문이라고 생각하고 별생각 없이 아이에게 불안감을 표출합니다. '나는 이렇게 불안한데 너는 왜 그렇게 한가하느냐'라고 다그치기 십상입니다.

　아이는 부모의 불안감이 잘 납득되지 않습니다. 자신에게 문제가 없는 것은 아니지만 혼란스러운 상황이 유발한 불안감을 자신에게 투사하는 부모에게 반감을 갖게 됩니다. 자신에게 반발하는 것 같은 아이 모습을 지각한 부모는 더욱 불안해집니다. 결국 부모의 불안감이 낙오 공포 수준으로까지 악화되면 부모 역할은 엉망이 되고 맙니다.

그런 악순환에서 벗어날 수 있는 유력한 방법이 바로 마음 챙김입니다. 주로 아이 문제라기보다는 혼란스러운 상황이 유발하는 불안한 감정 상태를 알아차리고 나면 부모로서 평정심을 유지하는 상태에서 부모 역할을 할 수 있습니다. 부모의 마음 상태가 안정적이기 때문에 아이 마음을 온전히 느낄 수 있습니다. 결과는 실망스럽지만 그럼에도 잘하고 싶은 아이 마음을 고스란히 느끼는 부모라면 더는 아이를 다그치지 않겠지요. 아이와 한편이 되어 ABC 모델을 놓고 작전을 짜면서 아이에게 부족한 것을 자연스럽게 채워주는 부모가 될 수 있습니다. 부모가 자신의 공부를 오히려 방해한다고 생각하는 경우와 자신의 마음을 알아주고 진심으로 도와준다고 생각하는 경우의 차이를 생각해보면 좋겠습니다.

지금 아이와 공부 때문에 겪는 문제들을 정확히 짚어주셨어요. 아이와 한편이 되는 순간, 공부 효과는 배가 된다는 말씀에 많은 위로와 격려를 얻었습니다. 모든 아이가 공부를 잘하고 싶어 한다는 말씀에 울컥하네요. 그것 하나만 깨달아도 아이와 함께 힘을 모아 헤쳐나갈 힘이 생긴 것 같습니다. 아이와 한편이 되어 작전을 잘 짜서 힘내 보려고요.

아이가 공부하기 힘들어서 우는 건데, 그 마음을 이해하지 못하고 내 생각에만 빠진 채 불안하고 속상해하진 않았는지 생각해보았습니다. 그랬더니 아이 얼굴이 다시 한번 보였어요. 아이가 왜 숙제를 제대로 안 하는지 화내지 말고, 소장님의 말씀 "엄마와 아이는 작전을 잘 짜야 한다"라는 말을 기억하고 아이와 한 팀이 되어 공부계획을 다시 짰더니 아이 얼굴이

중위권 학부모를 위한 공부·진로·진학

금세 환해지는 게 보였습니다. 아이가 작전을 짜면 저는 수행관이 되어 최대한 동력이 되도록 해보겠습니다. 영원한 한 팀이 되도록요.

아이를 키우고 가르치면서 우리가 진실로 살펴야 할 가장 중요한 것들에 대한 가르침을 주셨어요. 숙제하기 싫어하는 아이를 보면서 공부할 마음 갖고 오라고 윽박지르기도 했는데 왜 그 마음이 없었는지 다시 생각해봅니다. 이제 아이에게 윽박지르기 전에 아이 표정과 마음을 잘 들여다보려고 노력해야겠어요.

부모 역할의 세 가지 방식

부모 역할에는 세 가지 방식이 있습니다.

첫 번째는 '사회가 부모에게 시키는 그대로' 따르는 방식입니다. 대치동 방식이 대표적이라고 볼 수 있습니다. 대치동 부모들이 나름 열심히 정보력을 발휘하여 자신만의 방식을 찾아가는 것처럼 생각하지만 부처님 손바닥 안입니다. 남들과 다른 자기 아이만을 위한 독자적인 판단은 거의 없습니다. 대치동에서 흔하디 흔한 성공사례에 아이를 대입하기 바쁘지요.

두 번째는 '부모의 소신과 철학, 원칙'을 지키는 방식입니다. 대안학교에 아이를 보내거나 홈스쿨링하는 부모들에게 자주 볼 수 있는 방식입니다. 얼핏 보면 첫 번째 방식과 정반대처럼 보이지만 제 생각은 다릅니다. 부모로서 해야 할 역할을 정할 때 아이가 중심에 없다는 점에서 첫 번째와 두 번째는 비슷합니다.

세 번째는 '아이가 정해주는 대로' 부모 역할을 하는 방식입니다. 저는 이 방식이 성공 확률이 가장 높다고 확신합니다. 저는 우리나라에서 부모 역할을 정할 때 가장 크게 영향력을 받는 것이 사회적 압력이라고 판단합니다. 아이를 위한 부모 역할이 아니라 사회적으로 강요된 부모 역할이 워낙 강력하기 때문에 대부분 부모가 주도권을 쥡니다.

우리나라 부모들은 대부분의 부모 역할을 시장에서 하고 있습니다. 아이를 낳을 때부터 온갖 소비를 하지 않으면 부모 역할을 제대로 할 수 없는 상황이 된 지 오래입니다. 부모 역할을 제대로 하기 위해 필요한 소비가 이뤄지는 사교육 시장은 수십조 원의 규모로 산업화되었습니다. 아이에게 좋은 부모, 훌륭한 부모가 되고 싶다는 순진한 생각보다는 사교육 소비자가 되어야 하는 압력이 훨씬 강합니다. 우리나라 부모들이 사교육 소비자로서의 역할을 충실히 하지 않으면 사교육 시장은 망하겠지요. 하지만 과연 그런 일이 벌어질까요?

아이를 위한 부모 역할이 아니라 사교육 소비자로 만들기 위한 부모 역할의 영향력을 가볍게 생각하시면 안 됩니다. 여러분의 소중한 정서적, 금전적 자원, 가정의 환경적 자원을 잘 지켜야 합니다. 제가 볼 때는 자원 자체가 부족한 경우보다는 상위권으로 만들어주겠다는 약속을 믿고 투자를 너무 많이 하는, 자원의 낭비가 문제인 것 같습니다. 단순한 자원 낭비가 아니라 사교육의 논리에 빠져 아이의 자발성을 빼앗아 결국 아이의 공부와 미래를 망치는, 어처구니없는 결과를 피해야 하지 않겠습니까?

중위권 학부모를 위한 공부·진로·진학

마음 챙김은 훌륭한
부모가 되는 성장 과정

이 시대 진정한 부모의 길을 같이 열어갔으면 좋겠습니다. 일단 부모 역할의 토대를 단단히 가지셔야 합니다. 사교육 소비자로 전락하는 출발점은 바로 불안한 마음 상태입니다. 아이를 위하는 것이 아니라 무한 경쟁을 일삼는 부모들끼리 대리전을 치르고 있는 것입니다. 낙오 공포에 사로잡힌 부모들에게 사실 아이들은 안중에 없다는 사실을 아십니까? 낙오 공포를 조금이라도 덜 느끼기 위해 안간힘을 쓰는 부모들에게 아이들은, 부모의 경제력과 정보력 효과를 위한 마루타일 따름입니다. 남들 다 시키는데 나만 여유를 부려 아이를 망치는 것 같은 죄책감이 드는 것은 부모의 진심과 아무런 상관이 없습니다. 단지 모두가 미친 듯이 질주하는 비정상적인 상황을 지각한 자아가 불안한 감정을 일으켜 마음 챙김이 필요한 상태라고 보는 게 맞습니다.

마음 챙김은 또한 훌륭한 부모가 되는 성장 과정이기도 합니다. 가장 성공적인 부모 역할은 부모의 불안감이 아니라 아이가 정하는 것이라고 했습니다. 가장 훌륭한 부모는 아이에게 관심을 기울이는 부모입니다. 평소 아이를 유심히 관찰하는 부모들은 아이가 무엇을 필요로 하는지 쉽게 알게 됩니다. 관찰은 관심에서 오고 관심은 결국 사랑입니다. 자녀를 잘 키우고 싶은 욕구 없는 부모가 있으실까요? 없으시잖아요. 그러면 육아의 '아'자가 '아이 아兒'이기 이전에 '나 아(我)'라고 생각하실 필요가 있습니다. 지각하는 자아에서 벗어나 관찰하는 자아로 살아가는 시간이 늘어난 만큼 훌륭한 부모가 되는 것 같습니다. 인격적인 성숙은 바로 마음 챙김을 통해 부모 역할에 적합한 마음 상태로 옮겨가는 능력인 것 같습니다. 그렇게 나를 기르고 성장시키고 변화시키는 과정에 충실하면 아이 모습이, 아이 공부가 또렷하게 보일 것입니다. 아이를 오해하지 않고 진심으로 믿는 성숙한 부모가 되면 부모 역할은 더 이상 어렵지 않습니다. 오히려 행복을 만끽하게 됩니다.

마음 챙김은 운전 연습과 비슷합니다. 도무지 안 될 것 같지만 어느 순간부터 조금씩 익숙해지고 있다고 느낍니다. 마음 챙김을 하지 못하고 부정적인 감정상태에서 이루어지는 부모 역할이 문제입니다. 아무리 어렵더라도 마음 챙김을 통해 부모 역할에 적합한 마음 상태를 만들어야 합니다.

Q 학부모___ 요즘 아이들의 '문해력'이 사회적 이슈가 되고 있는데, 제 아이와도 무관하지 않더라고요. 제 아이 또한 호흡이 긴 책을 읽기 힘들어하고, 책 읽는 행위를 '공부'라고 인식하는 것 같아요. 어떻게 도와줄 수 있을까요?

A 박재원___ 문해력은 말 그대로 글에 담긴 의미를 해독하는 능력입니다. 글로 이루어진 책 읽기를 좋아하면 문해력은 걱정할 게 없습니다. 훌륭한 독서 전문가들은 한결같이 말합니다. 사람들은 누구나 훌륭한 독서가로 태어난다고요. 문제는 여러 가지 사정으로 책 읽기를 싫어하게 된다는 점입니다. 〈개에게 책 읽어주기〉 프로그램이 있습니다. 테라피 독이라는 훈련된 개에게 책을 읽어주면 마치 사람처럼 반응합니다. 우리나라에서도 시도해 본 적이 있습니다.° 그 프로그램에 참여한 아이들은 책 읽기를 싫어하는 아이들이었지만 달라졌습니다. 신나서 개한테 책을 읽어주었습니다. 책 읽기를 싫어했던 아이들이 보인 아래의 반응에 주목할 필요가 있습니다.

"내가 읽어주는 책을 잘 읽었는지 잘못 읽고 있는지 평가하지 않아서 좋았다."

° 당시 순천 기적의 도서관 허순영 관장의 시도로 그림책 〈피카이아〉(창비)의 소재가 됨. 자세한 내용은 석사논문《동물매개치료를 통한 독서부진 아동의 자아존중감과 독서증진 효과에 관한 연구》(2013. 전남대) 참고

"책을 읽을 때 틀리게 읽어서 실수할까 봐 두려운데 키스가 잘 들어주는 것 같아 기분 좋다."

"여러 사람 앞에서 말할 때 떨리는데 키스한테 읽어준다고 하니 괜찮았다."

"책이 이렇게 재미있는 줄 몰랐다. ○○○가 읽어준 책은 빌려가서 동생한테 읽어주고 싶다."

"모르는 글자가 나와도 불안하지 않다."

책읽기 자체를 싫어했던 것이 아니었습니다. 책 내용에 빠져드는 것을 방해한 평가와 실수에 대한 거부반응이 싫었던 것입니다. 재미없고, 짜증나고, 귀찮은 책 읽기를 싫어했던 것입니다. 아이들은 그동안의 경험과는 달리 개한테 책을 읽어주면서 유쾌한 감정을 느꼈습니다. 결국 문해력의 핵심은 책을 읽으면서 얼마나 재미를 느낄 수 있느냐에 있습니다. 책 읽기의 재미보다는 효과를 강조하는 여러 가지 방법이 오히려 문해력을 죽이고 있습니다.

책을 꼭 처음부터 끝까지 다 읽어야 할까요? 자율독서라는 것이 있습니다. 읽다가 재미없으면 멈추고 재미있는 다른 책을 골라서 읽는 것을 말합니다. 책을 쌓아 놓고 이 책 저 책에서 재미있는 대목만 골라서 읽는 것입니다. 올바른 독서라는 고정관념에서 벗어나 책을 읽으면서 어떤 감정을 느끼는지에 초점을 맞추면 누구나 책을 좋아할 수 있습니다. 책을 싫어하면 그럴만한 사연이 다 있기 때문에 긍정적인 감정을 느끼도록 하는 것이 가장 중요합니다. 감각적인 재미가 아니라 책을 읽으면서 맛볼수 있는 묵직한 즐거움이 아이들의 마음에서 일어나면 누구나 책 읽기를 좋아하게 됩니다.

가장 좋은 책은 읽는 사람에게 재미와 즐거움을 주는 책입니다. 평소 관심 있는 주제를 다루고, 호기심을 자극하는 책을 찾기 위한 노력이 문해력 해결의 거의 전부라고 생각하시면 됩니다. 권장도서와 필독서에 대한 집착과 효과적인 독서법에 대한 관심을 떨쳐내고 아이의 평소 마음과 생각에 잘 연결될 수 있는 책을 찾기 위해 노력해야 합니다. 아이의 관심사를 파악하는 방법으로 관심 지도를 만들면 큰 도움이 됩니다. (마인드맵 형식으로 작성하시면 됩니다)

꾸준히 작성하면 우리 아이의 관심을 좀 더 충족시킬 수 있는 책을 찾아 읽도록 도울 수 있습니다.

Q 학부모___ 영어학원에 다니는 아이가 3개월에 한 번씩 진행하는 레벨테스트에서 계속 제자리걸음을 해요. 너무 힘들거나 하고 싶지 않으면 쉬어도 된다고 말해줬는데 굳이 가겠다고 해서 보내면서도 속을 알 수 없어서 답답합니다. 학교 수업이든, 학원 수업이든 집에서 비대면으로 수업할 때 보면 적극적으로 잘하고 선생님들도 수업 태도가 적극적이라고 좋다고 하시는데 어떻게 해야 할지 고민이 됩니다. 어떻게 도와줄 수 있을까요?

A 박재원___ 먼저 학원 레벨테스트의 실체를 아셔야 합니다. 교육적인 의도도 있겠지만 계속 불안감을 조장하여 학원에 다니게 하는 마케팅 차원의 목적도 있음을 아셔야 합니다. 따라서 레벨테스트 결과는 가벼운 참고사항 정도로 생각하시는 게 바람직합니다. 대신 한 번 공부한 내용은 꼭 기억한다는 목표를 정하고 아이와 함께 노력할 필요가 있습니다. 시험

성적은 공부한 만큼 나오는 것이 아니라 기억한 만큼 나옵니다. 열심히 공부했지만 장기기억 만들기에 실패하면 공부 허무감에 빠지기도 합니다. 아래 소개한 방법°들을 활용하여 임계학습량°°을 효과적으로 넘기면 장기기억 성공률이 크게 향상됩니다.

1. 메모리 카드

공부한 내용을 모두 복습하는 것은 어렵고 비효율적이지만 메모리 카드를 활용하면 간편하게 임계학습량에 미달되는 내용을 확인할 수 있습니다. 공부일기 등 여러 방법이 있지만 실천력을 높이기 위해 평소 공부한 내용을 카드에 붙여놓고 활용하는 방법이 가장 좋습니다. 카드를 놓고 다시 봐야할 카드와 안 봐도 되는 카드로 구분하면서 재미와 성취감을 느끼는 과정으로 공부 효율을 크게 높일 수 있습니다.

2. 클리어 파일

다시 공부해야 할 내용인데 카드로 만들기 어려운 것들은 클리어 파일에 넣어 구분합니다. 특히 수학에 활용하면 좋습니다. 모아 놓은 문제들을 시간이 될 때 다시 꺼내보고 확실하게 안 것은 빼버립니다. 여러 문제집에 분산되어 다시 살펴보려고 해도 찾는 것에 시간이 많이 걸릴 수 있습니다. 그러면 한두 번만 더 공부하면 되는데 찾을 수 없어 새로운 문제

° 박재원·정유진, 〈공부를 공부하다〉, 에듀니티, 2019년 11월, 228~230쪽 참조.

°° 사람의 머리에서 어떤 정보가 단기기억에서 장기기억으로 넘어가기 위해서는 어느 정도의 반복적인 사용이 필요하다는 원리를 말한다. 쉬운 예로 10번을 사용해야 장기기억이 된다고 하면 임계학습량은 10회라고 할 수 있다.

중위권 학부모를 위한 공부·진로·진학

를 풀면서 기억을 만들어갑니다. 이런 경우에 이것저것 많이 공부했지만 하나도 임계학습량을 넘기지 못할 가능성이 커집니다. 남은 공부가 줄어드는 느낌이 들어야 하는데 정반대로 계속 불어난다고 느끼면 공부 의욕을 내기 힘듭니다.

3. 메모장

'기록이 기억을 이긴다'는 말처럼 평소 기억할 것들이 떠오르거나 눈에 보이면 그때그때 메모장에 기록하는 습관을 들이면 공부 효율이 크게 향상됩니다. 부모님이 먼저 모범을 보이면 좋습니다. "나도 지금까지는 메모장을 안 썼는데 오늘부터 같이 써보자"라고 제안하면 어떨까요? 공부한 것이 아니라 메모한 내용을 기억하고 시험 볼 때 써먹을 수 있습니다.

공부를 마치기 전에 반드시 장기기억 만들기에 필요한 준비, 그러니까 임계학습량을 넘기기 위해 다시 확인학습을 해야 할 내용을 정리하는 과정이 반드시 있어야 합니다.

Q 학부모____ 정말 열심히 학교 숙제, 학원 숙제를 합니다. 성실하다 보니 아이가 푸는 분량도 많고 노력도 많이 하는데 정작 학교에서 시험을 보면 수학 점수가 항상 아쉽게 나옵니다. 특히 개념이 어려워 문제를 틀렸다는 말을 자주 하는데 어떻게 해야 아이를 도와줄 수 있을까요?

A 박재원____ 수학은 잘못 알고 있는 개념을 계속 고쳐가는 과정입니다. 대부분 '오개념'을 거쳐서 '정개념'으로 갑니다. 아이들이 새로운 수학적

개념을 공부할 때 안다는 느낌이 들면 그냥 넘어가는 경향이 있습니다. 정화하게 말하면 분명 오해인데 안다고 끄덕입니다. 오해도 이해의 한 종류이지만 오해와 정확한 이해를 구분하지 못하면 공부의 필요성도, 뭘 공부해야 할지도 모르는 상태가 됩니다. 수학에서 특히 치명적입니다. 오래 수학공부를 했지만 여전히 기본개념을 다시 공부하게 되는 이유입니다.

'정개념'을 교정하는 과정을 거치지 않으면 결국 '오개념'을 가지고 문제를 풀게 됩니다. 당연히 안 풀리거나 틀릴 수밖에 없지요. 그럴 때는 단지 알고 있다는 느낌에 머물지 말고 글로 표현해보면 '오개념'임을 금방 알 수 있습니다. 공부 친구가 있어 상대방을 이해시키기 위해 노력하다 보면 자연스럽게 '정개념'이 자리 잡습니다. 혼자 공부할 때면 이미 공부한 내용을 보지 않고 떠올려봐야 합니다. 교재나 설명을 보는 순간, 외부에서 들어온 내용과 자신이 기억하는 내용이 순식간에 섞여 쉽게 구분되지 않습니다. 장기기억에 저장된 내용은 '오개념'이지만 외부에서 들어온 내용과 함께 정보를 처리하면 정확하게 안다는 착각이 일어납니다.

따라서 교재나 강의 같은 외부 단서가 없는 상태에서 기억하고 있는 내용을 점검하는 과정이 필요합니다.

수학에서 발전하여 '오늘 공부한 내용 설명해보기'를 하면 다른 과목에도 큰 도움이 됩니다.

기억하는 내용이 정확해야 실력이 된다는 걸 기억해주시기 바랍니다.

🅠 학부모 ___ 첫째와 둘째의 학습 태도가 너무 극과 극이어서 시험기간이 다가오면 저도 많은 스트레스를 받아요. 첫째는 일반적인 모범생 스타일이에요. 착실하게 써놓은 필기노트를 기반으로 쓰면서 공부하는 유형인데, 둘째는 공부에 집

중하는 것에 어려움을 겪어요. 오래 앉아 있지 못하고 자꾸 집안 이곳저곳을 걸어다니며 중요한 내용을 외우거나 하는데, 두 아이의 반대되는 모습에 불안해져요.

🅐 박재원____ 뚜렷하게 대비되는 성격을 보이는 아이들에게는 부정적으로 대할 가능성이 높아집니다. 각각의 차이를 서로 존중해야 할 개성으로 인식하는 것이 중요합니다. 아이의 유형이나 성격에 따라서, 발달한 감각에 따라서 공부법은 다를 수밖에 없습니다.

어떤 감각을 사용해도 어려움 없이 공부할 수 있지만 선호하는 감각이 억압당하면 공부하는 과정이 어렵게 느껴지기도 합니다. 각자의 공부 개성을 이해하고 자신의 감각을 활용할 수 있는 아래와 같은 방법을 소개합니다.

- **시각 선호형** : 수업 내용, 학습 내용을 머리에 그려보는 과정, 마인드 맵을 그리면 효과적입니다. 여러 색깔의 필기도구를 사용하면 도움이 됩니다.
- **청각 선호형** : 공부한 내용을 음성으로 접할 때 집중하고 이해력이 높아집니다. 필기의 방법보다는 여러 번 읽는 것이 효과적입니다. 밑줄을 치거나 요약본을 활용하여 공부한 내용을 녹음하고 복습할 때 더 효과적입니다.
- **운동감각 선호형** : 몸을 움직이지 못하면 집중하기가 어려운 아이들이 있습니다. 이 아이들은 몸을 움직이는 기회가 많을수록 뇌가 활성화됩니다. 수업을 방해하지 않고 몸을 움직일 수 있는 가장 좋은 방법은 수업 시간에는 선생님 설명을 그대로 낙서하듯이 받아 적으면서 몸을 움직이는 것입니다.

2부

아이와 한 편 되어
다시 세워 보는 진로

아이와 함께 있으면 마냥 행복했던 시절이 있었어요. 그런데 어느 순간부터 남들 만큼 공부시켜야 하는 부담감에 아이를 다그치는 일이 잦아졌습니다. 초등학교 저학년까지만 해도 아이는 제 말을 곧잘 따라주었어요. 그런데 좀 더 클수록 공부시키는 일이 힘들어지더라고요. 제 잔소리는 늘고 언성도 높아지고 점점 아이를 믿으면 안 되겠다는 생각이 강해졌습니다. 다른 집 애들은 부모가 시키는 대로 잘 따라줘서 점점 앞서가는 것 같은데 우리 아이만 뒤처지는 것 같아 아이를 볼 때마다 우울했어요. 한 번 뒤처지면 따라가지 못한다는 주변의 이야기는 불안감을 더 증폭시켜 낙오 공포에 휩싸이게 하더라고요. 도저히 가만히 있을 수 없어 아이를 다그치다가 정신을 차렸어요. 아이의 어두운 표정을 보니 너무 공부 욕심을 부린 건 아닌지 반성도 들었어요. 하지만 그럴수록 더 바짝 조여야 한다는 주변 엄마들의 한결같은 이야기에 다시 독해지기로 마음먹었습니다. 하지만 아무리 아이 공부를 잘 관리하려고 해도 요리조리 빠져나가는 불성실한 모습을 보면 실망감만큼 불안감도 커집니다. 어느 날, 마음을 비우고 아이에게 이렇게 말했어요. "이제부터 너한테 공부하라는 소리 안 할 테니 너 하고 싶은 거 해. 뭐라도 열심히 하면 엄마가 확실하게 밀어줄게!" 하지만 아이는 이런 제 마음을 이해하지 못하고 이렇게 말하더라고요. "엄마, 나 하고 싶은 거 없다니까, 제발 가만히 좀 내버려두라니까요!" 도대체 언제, 어디서부터 잘못된 걸까요? 내 자식 나보다 잘 살기를 바라는데, 아무리 그래도 나만큼은 살아야 하는데 도무지 말을 듣지 않네요. 어떻게 해야 좋을까요?

제가 그간 들었던 중위권 부모들의 하소연과 다르지 않습니다. 이 글을 읽으시는 여러분은 위 엄마의 이야기에 얼마나 공감하시는지 궁금합니다. 2부에서 설명할 진로도 결국 1부에서 설명했던 공부와 해결책이 별반 다르지 않습니다. 중위권 아이들은 사회적으로 공인된 엘리트 코스를 향해 앞서 달려가는 상위권 코스프레에서 벗어나야 새로운 길이 보입니다. 굳이 불리한 경쟁에 뛰어들어 상처받고 좌절하고 방황하지 마십시오. 아이의 관심을 진지하게 추구하면서 오히려 천천히 한 발씩 나아가면 아이가 주인공이 되는 빛나는 삶을 갖게 될 것입니다.

삼성이 신입사원을
뽑는 달라진 기준

먼저 부모님들께 물어보고 싶습니다. 자녀의 진로 문제에서 가장 걱정하는 것은 무엇인가요? 네, 아마도 '안정적인 일자리'에 대한 걱정일 겁니다. 우리나라 부모님들이 아이 공부에 매달리는 이유도, 적성과 재능에 관심을 기울이는 이유도 결국은 모두 '안정적인 일자리'에 대한 갈망 때문이죠.

그런데 문제는 부모 세대가 생각하는 안정적인 일자리 확보 전략과 실제 아이들이 살아갈 직업 세계에서 안정적인 일자리를 구할 수 있는 방법이 근본적으로 다르다는 사실입니다. 부모 세대가 경험한 '안정적인 일자리 = 대학 학벌'이라는 공식은 오늘날 거의 깨졌습니다. 이미 2014년 언론°에서 경고한 바 있습니다. 당시 기사에서 가져

° 〈주간조선〉[2332호], 2014년 11월 17일.

중위권 학부모를 위한 공부·진로·진학

온 몇 가지 사례를 보여드립니다.

- 학점 3.7에 토익 910, 오픽(OPIc) IH, 테셋(TESAT) 1급에 컨설팅회사 인턴 6개월, 작은 공모전이긴 하지만 입상 경험도 있다. 15군데 정도 서류를 냈는데 두 곳에 합격하고 그마저 인적성에서 다 탈락했다.(서울대 국문학과 4학년)

- 학점 3.5에 텝스 900, 토플 112, 토스(토익 스피킹) 8, 책을 쓴 경험이 있고, 6개월 배낭여행 경험이 있다. 10군데 서류를 내서 모두 탈락했다.(서울대 사회학과 2014년 2월 졸업생)

- 학점 3.9에 토플 116, 토익 980, 오픽 NH, 미국 교환학생 1년 경험 있고, 교환학생 당시 학생 경진대회에 나간 경험이 있다. 10군데에 지원, 서류전형에서 세 곳은 통과했는데 결국 다 탈락했다. 서류심사를 하는 두 군데 결과를 기다리고 있다.(연세대 경제학부 4학년)

대학의 명성은 마치 변하지 않는 고정관념처럼 부모 세대의 기억에 남아있지만 직업을 구하는 데 작용하는 학벌 효과는 빠르게 사라지고 있습니다. 묘하게도 2014년 이 기사와 비슷한 제목의 기사가 최근 다시 등장했습니다.

'아! 서울대 마저' … 10명 중 7명 '백수' 학과 있다.°

명문대 합격이 보장해주는 것은 이제 거의 없지만 안타깝게도 이러한 학벌 효과의 종말에 관한 경고는 근본적인 성찰과 대안 모색으로 발전하지 못하고 있습니다. 의대를 필두로 한 취업 잘되는 인기학과에 대한 광적인 집착으로 변질되고 말았습니다.

의대, 치대, 한의대 그리고 다시 대학 신입생을 선발하는 약대의 인기가 하늘을 치솟을수록 중위권의 진로는 더욱 위축될 따름입니다. 사회적으로 인정받는 전문직으로 향하는 지름길인 인기학과를 향해 내달리는 소수 최상위권을 보면서 다수의 중위권들은 학창시절의 대부분을 패배감에 젖어 살아가야 합니다.

교실에서 쌓인 열등감을 학교 밖에서 마음껏 발산할 기회도 거의 사라진 상황에서 중위권 아이들은 어떤 심정으로 하루하루를 살아갈까요? 하지만 정말 안타까운 점은 따로 있습니다. 학벌이라는 유령의 손아귀에서 벗어날 수 있는 길이 과거와 달리 더 크게 열려 있음에도 불구하고 여전히 우리 사회는 중위권을 희망의 길로 인도하기는커녕 상위권이 되지 못한 패배자라는 시선을 보내고 있다는 점입니다.

오징어게임에 별생각 없이 뛰어들면 다수는 패배자가 되는 수밖에 없습니다. 하지만 치열한 생존경쟁인 오징어게임에 참여하지 않고도 얼마든지 중위권 아이가 자기 삶의 주인공이 되어 살아갈 수 있습니다. 그 길을 하나씩 확인해보도록 하겠습니다.

° 〈서울경제〉, 2021년 10월 2일.

고성장기 부모의 성공 경험이
아이의 진로를 방해한다

한국을 대표하는 삼성은 대부분의 부모가 선망하는 기업입니다. 취업 준비생 집단에서 가장 우수한 학벌과 스펙을 겸비한 지원자들이 몰리기도 하죠. 이런 삼성에서는 어떤 기준으로 신입사원을 뽑을까요?

삼성은 이미 오래전부터 학벌 효과, 그러니까 대학의 서열과 학점에 대해 회의적이었습니다. 2015년부터 지원자들의 우열을 가리는 데 편리한 시험성적보다 실제 회사에 얼마나 기여할 수 있는지를 개별적으로 확인하는 빅데이터와 면접을 더 중시하고 있습니다. 삼성은 왜 굳이 복잡하게 새로운 선발방식을 도입했을까요? 남들보다 우수한 성적과 스펙을 가진 상위권이 실제 회사에는 별 도움이 되지 않는다는 사실을 확인했기 때문입니다.

실제로 GSAT 점수는 낮았지만 빅데이터 분석에서 높은 점수를 받아 합격한 지원자들이 많았다.[oo]

여기서 삼성그룹 채용방식의 변화가 의미하는 바를 제대로 알아차리는 것이 중요합니다. 중위권 성적이더라도 얼마든지 '안정적인 일자리'를 구할 수 있는 기회가 열려 있다는 것을 알아차리십시오. 학벌 효과에 대한 과거 기억에서 벗어나지 못해 아이의 앞길을 가로막

---

oo 〈매일경제〉, 2015년 12월 30일.

는, 말도 안 되는 부모 역할을 하고 싶지 않다면 꼭 알아야 할 시대적인 변화가 있습니다. 그 새로운 개념을 천천히 알려드리겠습니다.

첫 번째는 **고성장기**와 **저성장기**라는 개념입니다. '경제가 고성장기다'라는 말은 쉽게 얘기해서 일자리가 많이 만들어진다는 걸 의미합니다. 고성장기에는 기업이 망할 위험이 크지 않았습니다. 대부분의 기업이 수익을 내는 상황을 우리는 고성장기라고 합니다. 고성장기에 있던 기업들은 신입사원 선발에 별로 신경 쓰지 않았습니다. 고성장기였기에 누가 들어와도 회사에 크게 피해를 끼칠 일이 없기 때문이죠. 그런 시기에 신입사원을 선택할 때 어떤 기준으로 뽑을까요? 가장 쉬운 기준인 학벌입니다.

하지만 지금은 저성장기입니다. 삼성도 언제까지 우리가 아는 삼성일 수 있을지 누구도 확신하지 못합니다. 삼성뿐 아니라 모든 기업이 저성장기에는 끊임없는 위기에 직면합니다. 사실 오늘날 모든 기업은 생존을 걱정해야 할 상황입니다. 그 때문에 오늘과 같은 저성장기에는 기업의 채용기준이 크게 달라질 수밖에 없습니다. 고성장기에는 객관적인 기준에서 앞서는 사람을 뽑았다면, 저성장기에는 한 명 한 명 보고 회사에 얼마나 도움이 될 수 있는지를 신중하게 평가해서 선발해야 합니다. 다른 사람보다 성적이 좋거나 화려한 스펙을 가졌다고 해서 채용되는 일은 없습니다. 그렇다고 아무나 뽑는다는 것도 아닙니다. 실제 회사에 도움이 될 사람을 뽑기 위해서 매우 신중해집니다. 도움을 줄지, 피해를 줄지 판단 근거를 만들기 위해서 삼성은 빅데이터 분석을 했습니다.

중위권 학부모를 위한 공부·진로·진학

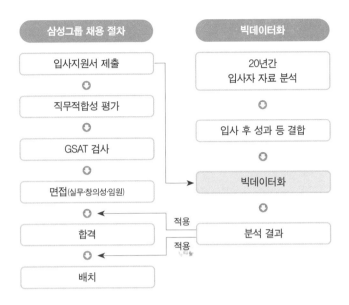

평소 모습과 꾸민 모습

앞에 인용한 기사 내용에 이런 말이 나옵니다.

지난 20년간 신입사원 자기소개서를 빅데이터로 분석해보니 지나치게 많은 미사여구를 쓴 신입사원들이 입사 후 이룬 성과가 평균에 훨씬 못 미쳤다.

무슨 말일까요? 치열한 경쟁을 뚫기 위해, 회사의 눈에 들기 위해, 비교우위를 점하기 위해 자기소개서를 멋지게 작성한 지원자들이 오히려 합격 확률이 떨어지고, 설령 입사해도 성과가 저조했다는 의미입니다. 기존의 경쟁과 비교 중심의 채용방식에서 벗어나 실제 회사에 얼마나 도움이 될 수 있는지 한 명 한 명을 독립적으로 평가한다는 사실을 잊지 말아야 합니다. 다음은 위의 기사에서 가져온 내용입니다.

> 삼성그룹 관계자는 "빅데이터 분석은 어떤 준비를 한다고 적합한 결과가 나오는 것은 아니다"며 "이를 의식해서 취업 준비를 할 필요는 없다"고 말했다.

과거의 유산인 학벌 효과의 포로가 되어 아이 미래를 망치고 싶지 않다면 꼭 장착해야 할 두 번째 개념을 소개합니다. 바로 '**평소 모습**'과 '**꾸민 모습**'이라는 개념입니다.

이게 무슨 의미일까요? 여러분이 기업에서 인재를 뽑는다고 가정해봅시다. 지원자들의 꾸민 모습을 보고 싶을까요, 평소 모습을 보고 싶을까요? 당연히 '평소 모습'이겠죠.

하지만 취업을 도와준다는 업체들은 조금이라도 합격 확률을 높일 수 있다면 지푸라기라도 잡고 싶은 취업준비생의 불안한 마음을 담보로 '꾸민 모습'의 효과를 장담합니다. 자신들이 꾸며준 만큼 합격 확률이 높아진다고 주장하지요. 학벌이 약하면 스펙과 자기소개서 그리고 면접 준비로 충분히 보완할 수 있다는 말은 진실일까요, 아니면 진실이기를 간절히 바라는 걸까요?

여기서 합리적인 의심을 해보겠습니다. 학벌이라는 편리한 변별력을 애용하던 기업들이 저성장기에 접어들면서 위기의식을 갖고 결국 껍데기가 아닌 내용을 보며 실제 회사에 얼마나 기여할 수 있는지 신중하게 검증하고 나서 채용한다고 얘기했습니다. 핵심은 실제 회사에 어떤 기여를 하느냐의 문제입니다. 스펙을 더 만들고 자기소개를 더 잘 쓰고 면접을 더 잘 보면, 그렇게 잘 꾸미면 사람이 달라질까요? 오히려 부실한 내용을 포장했다는 의심을 받게 될까요?

남보다 좋은 학벌과 스펙이 더는 중요하지 않은 시대가 되었습니다. 남보다 학벌과 스펙이 좋다는 기준은 회사 입장에서 별다른 의미가 없기 때문입니다. 고성장기의 유물일 따름입니다. 우리 사회는 지금 빠르게 학벌 중심에서 역량 중심 사회로 이동하고 있습니다. 그런데도 여전히 많은 부모가 학벌이 중요하다고 말합니다. 왜 그럴까요? 정신 차리기 어려울 정도로 빠르게 변하는 사회에서 개인은 대부분 혼란에 빠집니다. 숨 가쁜 변화에 적응하기 위해 노력하면서도 안정감을 느끼기 위해 변화를 거부하기도 합니다. 특히 자신과 주변에서 학벌 효과를 강하게 경험한 부모일수록 학벌이 중요하다고 여깁니다.

실제 사례를 이야기해보겠습니다.

초등학교 부모들과 함께 바람직한 부모 역할에 대한 공부를 했습니다. 그런데 한 부모가 진로 관련 이야기를 나누면서 노골적으로 거부 반응을 보였습니다.

"진로가 뭐가 중요한가요? 공부만 잘하면 되는 거 아닌가요?"

몇 달에 걸쳐 미래를 살아갈 아이들의 진로에 대해 함께 공부했지만 아무런 소용이 없었습니다. 그 부모는 일단 공부를 잘하면 아이가 원하는 진로를 마음껏 고를 수 있는 선택의 폭이 넓어진다는 생각을 고수하고 있었습니다. 다른 부모들은 대부분 학벌 효과의 쇠퇴를 받아들였지만 그분은 유독 돌출발언을 해서 난감한 적이 한두 번이 아니었습니다.

그런데 어느 날 그분의 태도가 갑자기 확 바뀌셨습니다. 표정이 더 편하고 밝아 보이는 겁니다. 질문을 드렸습니다. "어머니, 이전과 좀 달라지셨네요? 무슨 일 있으셨어요?"

어머니가 씩 웃으시면서 이렇게 말씀하시더라고요.

"모처럼 초등학교 동창회를 갔다 왔는데, 제가 가지고 있던 생각이 다 무너졌어요. 제가 맨날 놀렸던 친구들이 저보다 훨씬 잘살고 있더라고요. 공부가 중요한 게 아니라는 걸 깨달았어요. 인생을 사는 데 성적이 전부가 아닌 것 같아요."

자신과 남편의 성공경험에 갇혀 고집을 부리다가 새로운 경험을 겪자 사회의 변화를 받아들이게 된 겁니다. 개인적인 경험에 갇혀 아이 미래까지 가둬버리는 부모들을 만나면 갈 길 잃고 방황하는 아이의 모습이 겹쳐집니다. 여러분 생각은 어떠신가요?

초등학교 때부터 공부를 잘해서 대학교도 상위권으로 가고, 졸업 후에는 모두의 기대를 한 몸에 받고 선망하는 대기업에 들어가 집안의 자랑이 된 주변 얘기를 들으면 당연히 부럽죠. 그런데 문제는 그다음이더라고요. 취업해놓고 얼마 지나지 않아 그만두고, 또 조금만 어렵고 힘들다고 생각하면 쉽게 그만두고 다른 일을 알아보고 있다는 이야기를 적지 않게 들어요. 그런 이야기 들을 때마다 진로가 쉽지 않다는 생각을 격하게 하곤 해요. 그런데도 여전히 소위 '엄친아'로 알려진 아이들 이야기를 들으면 그저 부러워요. 그러다 저희 아이한테 화살이 가더라고요. 누구는 이렇다더

중위권 학부모를 위한 공부·진로·진학

라, 누구는 저렇다더라 하면서요. 저도 알아요. 그런 말이 아이에게 도움 되지 않는다는 걸요. 말하고 나서 늘 후회하죠.

진로 문제에 있어서 저도 모순적인 생각을 갖고 있더라고요. 딸이 하고 싶어 하는 미술을 적극적으로 밀어주고 싶은 마음도 있는 한편 안정적인 공무원이라든지, 편해 보이는 학교 선생님이 되었으면 좋겠다는 생각도 있어요. 제 주변의 엄마도 저와 비슷한 편견이 있는 것 같아요. 사립초등학교에 보내고 이런저런 사교육을 시키며 아이를 관리하면서 아이가 의사, 변호사, 정 능력이 안 되면 공무원이라도 되면 좋겠다고 말하죠. 시대가 바뀌고 생각도 달라졌다 하지만 여전히 안정적인 직업과 직장의 선호는 있는 것 같아요.

아이와 길을 걷다가 추운 겨울날 환경미화원 아저씨가 눈을 치운다거나 거리를 청소하고 있을 때 아이가 힘들어 보인다고 말할 때가 있었어요. 그 순간, 지금 공부를 열심히 해야 좋은 대학 가고 편안하고 안정된 직장에 갈 수 있다고 느닷없는 엄마로서의 제 훈계가 시작되더라고요. 비정규직의 설움을 너무 잘 아는 세대이기 때문에, 무엇보다 안정된 직장과 정규직의 중요성을 아이에게 얘기해주는 것 같아요.

모두 고개가 끄덕여지는 이야기입니다. 부모 된 처지에서 아이가 편하고 안정적인 직업을 갖도록 노력하는 걸 탓할 사람은 없겠지요. 하지만 세상일이 마음처럼 되지 않는 것도 사실입니다. 치열한 경쟁을 뚫어야 하는데 성공 확률이 높지 않다는 점도 부인할 수 없죠. 그냥 부모 마음 가는 대로 애쓰는 것이 아니라 세상물정 제대로 알고 지혜를 발휘하기 위한 노력이 절실합니다. 자식 잘되길 바라는 마음에 머물지 않고 자기 인생의 주인공으로 살아갈 수 있는 길로 안내하는 것이 쉬운 일은 아니겠지요.

부모가 빠지기 쉬운 착시 현상

공동체 문화가 살아 있던 과거에는 어느 집 첫째가 1등을 해도 부러워하지 않았습니다. 둘째는 꼴찌라는 사실을 잘 알기 때문입니다. 집안 사정을 어느 정도 알게 되면 다들 사는 게 비슷하다고 생각하기 마련입니다. 동병상련이라고 하지요. 비슷한 처지의 이웃끼리 가끔 다투기도 하지만 결국 위로하면서 마을에서 함께 살아갔습니다.

하지만 아파트라는 주거환경에서는 평소 왕래가 없기에 이웃 간에 눈치 보고 견제하는 게 일상입니다. 가끔 얼굴만 보는 데면데면한 사이기에 꼬투리 잡히는 게 두렵습니다. 고립된 상황이라서 기회가 될 때마다 남보다 우월한 것들에 대해 자랑하면서 존재감을 느끼고 싶어 합니다.

다들 비슷비슷하게 사는 이웃 때문에 안심이 되는 것이 아니라 오히려 불안해집니다. 특히 교육 문제에서 그런 부정적 모습이 강해집니다. 다른 집 부모들은 아이와 함께 열심히 달리고 있는데 자기만 이리저리 헤매고 있다는 느낌이 들어 견딜 수 없는 거죠. 열심히 곁눈질하고 정보를 수집해서 다른 부모가 하는 것처럼 해야 조금이나

마 안심이 되는 겁니다.

"저도 이렇게까지 해야 하는가 싶다가도 다른 부모가 하는 정도는 해야 마음이 편해지니 어쩔 수 없더라고요."

"사실 제가 시키는 공부는 아무것도 아니에요. 다른 부모들이 아이 공부시키는 거 보면 진짜 까무러쳐요."

그러면서 모두 한목소리로 말합니다. 북유럽 선진국처럼 어떤 직업을 가져도 차별받지 않고 잘살 수 있는 사회가 된다면, 대학의 서열이 사라진다면, 치열한 입시 경쟁이 없다면 그렇게 아이를 잡지 않을 것이라고요.

이미 아이가 경쟁에 뒤처지고 있다면 결국 들러리가 될 가능성이 농후하기 때문에 더 늦기 전에 방향을 틀어 다른 대안을 찾아야 마땅합니다. 하지만 부모와 아이의 현실은 정반대입니다. 아이가 원치 않는 길을 계속 끌고 가면 원하는 대학은커녕, 패배의 상처 때문에 니트족°이 되기 십상입니다. 하지만 그 사실이 머리로는 이해되지만 가슴에 요동치는 낙오 공포 때문에 어쩔 도리가 없습니다. 아이가 불리한 경쟁에서 벗어나도록 보호하고 자신의 길을 갈 수 있게 돕는 것이 대안이라고 생각하면서도 가보지 않은 길에 대한 두려움을 이겨내기 어려운 겁니다.

이처럼 여전히 시험공부–성적 경쟁에 매달리게 되는 이유가 있습니다. 바로 착시 현상 때문입니다. 우리나라에는 여전히 변하지 않은 경쟁의 섬이 있습니다. 대표적인 것이 바로 명문대학과 인기학과, 그

°   나라에서 정한 의무교육을 마친 뒤, 진학 혹은 취직 준비를 하지 않고 지내는 사람.

리고 전문직입니다. 공무원과 공기업이라는 섬도 있습니다. 모두 엄청난 경쟁이 벌어지는 곳입니다. 평생직장이 무너지고 취업난이 더해지면서 갈수록 경쟁의 강도가 심해지고 있습니다. 결국 남보다 좋은 성적을 받는 데 실패하면 모든 노력이 물거품이 되고 맙니다.

제 눈에는 이런 진로를 향한 경쟁 과열이 마치 도박판처럼 보입니다. 여기서 정신을 똑바로 차리고 생각해봐야 할 것이 있습니다.

그렇게 시험공부-성적 경쟁에서 승자가 되어야 얻을 수 있는 일자리가 얼마나 될까요? 다수가 몰리고 결국 경쟁을 통해 선발할 수밖에 없는 우리 사회가 선호하는 일자리의 비율에 대한 정확한 통계는 없습니다. 대기업까지 포함하면 대략 15% 정도라는 통계가 있습니다. 하지만 대기업은 앞서 확인한 것처럼 남보다 좋은 성적-좋은 스펙의 무의미함을 깨닫고 경쟁의 승자가 아닌 기업에 필요한 역량을 가진 인재를 선발하기 시작했습니다. 따라서 대기업을 제외했을 때 경쟁을 거치지 않으면 얻을 수 없는 일자리의 비율은 10% 이내라는 추정이 가능합니다. 결국 10명 중에 9명은 경쟁이 필요치 않은 일자리를 갖게 된다는 겁니다. 정확히 말하면 경쟁하더라도 각자의 역량에 대한 평가가 기준이지, 똑같은 시험과목 성적이 기준은 아니라는 말입니다.

지금 우리나라 부모들이 걱정하는 것이 바로 아이 성적 아닌가요? 진학과 진로 경쟁에서 승자가 되는 데 필요한 성적을 아이가 얻을 수 없기 때문에 전전긍긍하는 것 아닌가요? 그런데 굳이 시험공부-성적 경쟁에 매달리지 않고도 자신의 관심 분야를 정해 열심히 노력하고 성장한다면 얻을 수 있는 일자리가 90%에 가깝게 많다는 사실을 어

중위권 학부모를 위한 공부·진로·진학

떻게 받아들여야 할까요?

저는 이러한 착시 현상 때문에 많은 부모가 희망을 보지 못한다고 판단합니다. 여전히 변하지 않은 경쟁의 섬에 실제 도착할 수 있는 사람은 10%를 넘지 않지만 거의 대다수가 대책 없이 경쟁 대열에 동참하기 때문에 마치 다른 길은 없는 것처럼 생각되는 착시 현상을 알아차려야 합니다.

전체 '공시족' 중에서 합격하는 비율은 2% 남짓이라는 비공식 통계가 있습니다. 결국 다수는 패배자가 되지만 여전히 하기 싫은 시험공부에 매달려야 하는 처지입니다. 더 안타까운 것은 시험공부-성적 경쟁에 매몰되지 않고 자신의 관심사를 기반으로 얼마든지 새로운 길을 찾아갈 수 있다는 사실을 여전히 깨닫지 못한다는 점이겠지요. 꼭 경쟁해야만 얻을 수 있는 일자리보다는 자신의 관심을 열심히 발전시켜 성장을 통해 얻을 수 있는 일자리가 훨씬 많다는 사실을 보지 못하는 우리 현실도 안타깝습니다.

무한 경쟁에 몰린 아이들의
심각한 정신건강

지금부터 무한 경쟁의 진실을 고발하겠습니다. 이미 어린 시절부터 무한 경쟁으로 내몰린 아이들의 정신건강 상태는 심각합니다. 영어 유치원 10곳이 생기면 소아정신과 병원이 새로 생긴다는 말이 있습니다. 어려서부터 시험공부에 매달려야 하고 자신만의 배움 속도보

공부하다가 걸핏하면 짜증내고,

마치 부모를 위해 자신이 큰 희생을

치르는 것처럼 유세 떠는 아이를 보면서

저렇게 크면 아이 인성에 문제가

생길 것을 뻔히 알면서도 눈앞의

성적 때문에 참고 있는 마음은

부모의 진심이 아닙니다.

다 늘 과속해야 하는 아이들이 어떻게 멀쩡할 수 있을까요?

아이 마음은 병들어 가는데, 그렇게 힘겨워하는 아이 모습을 보아야지만 안심이 되는 마음은 부모의 진심이 아닙니다. 공부하다가 걸핏하면 짜증내고, 마치 부모를 위해 자신이 무슨 큰 희생을 치르는 것처럼 유세 떠는 아이를 보면서 저렇게 크면 아이 인성에 문제가 생길 것을 뻔히 알면서도 눈앞의 성적 때문에 참고 있는 마음은 부모의 진심이 아닙니다. 아이의 어두운 표정을 보면서 위로하고 싶지만 아이가 나약해질까 봐, 아이에게 진심으로 칭찬하고 싶지만 아이가 방심할까 봐, 친구들에게 양보하고 어려운 친구들은 도와줘야 한다는 말을 하고 싶지만 아이의 경쟁심이 약해질까 봐 고민하는 마음은 모두 부모의 진심이 아닙니다.

부모의 진심은 주변 엄마들의 이야기에 흔들리지 않고 아이를 향합니다. 아이 마음에 닿아 아이가 원하는 선택을 합니다. 남보다 앞서가는 것이 아니라 아이와 함께 가는 것이 지름길이라고 굳게 믿습니다. 아이의 진심과 부모의 진심이 만나면 천하무적입니다. 굳이 경쟁하지 않아도 멋진 인생을 살아가는 데 부족하지 않습니다. 아무리 상황이 어려워도 머리를 맞대고 해결책을 찾으면 되기 때문입니다.

여러 번 말씀드리지만 제가 남보다 좋은 학벌을 굳이 반대하거나 싫어하는 것이 아닙니다. 제가 말리고 싶은 것은 남보다 좋은 학벌을 얻기 위해 아이들을 고통스럽게 만드는 무한 경쟁입니다. 경쟁하지 않아야 오히려 희망적인 진로를 개척할 수 있는 중위권들이 대책 없이 상위권들과 학벌 전쟁을 하는 경우를 경계하는 것입니다.

무모하게 중위권 아이를 상위권 아이들과의 학벌 전쟁으로 내몰고 있는 부모님들께 간절히 호소합니다. 자신들이 꾸며 주면 합격 확률이 높아진다고 주장하는 업자들에게 속지 마십시오. 자신들에게 맡기면 상위권과의 경쟁에서 승리해 원하는 학벌을 딸 수 있다는 유혹에 결코 넘어가서는 안 됩니다.

저는 이러한 업자들의 무책임한 말이 이 시대 부모와 아이들에게 행해지는 최악의 희망고문이라고 생각합니다. 대부분 상위권에게 지기 마련인데 온갖 후유증까지 겪게 되면 정말 인생 진로가 꼬이고 맙니다. 타고난 잠재력을 계발하여 순조롭게 자신이 주인공이 되는 진로를 찾아갈 수 있도록 아이를 도와주는 방법을 더 구체적으로 설명해보겠습니다.

중위권 성적이더라도 얼마든지 '안정적인 일자리'를 구할 수 있는 기회가 열려 있다는 것을 알아차리십시오. 학벌 효과에 대한 과거 기억에서 벗어나지 못해 아이의 앞길을 가로막는, 말도 안 되는 부모 역할을 하고 싶지 않다면 꼭 알아야 할 시대적인 변화가 있습니다.

중위권 학부모를 위한 공부·진로·진학

02

평판 조회를
아십니까

최근 롯데그룹도 신입사원 정기 공채를 폐지했습니다. 대부분 대기업이 그룹 차원의 신입사원 정기 공채를 폐지하고 수시 채용으로 돌아섰습니다. 앞서 살펴본 것처럼 저성장기에 접어든 기업들은 남보다 시험을 잘 보는 능력에 회의적입니다. 성적 경쟁에서 비교우위를 보인다고 해서 기업에 도움이 된다고 볼 수 없기 때문입니다.

신입사원 한 명을 채용하는 데 대략 1억 원 정도의 비용이 들어간다고 합니다. 하지만 실제 기업에 도움이 되는 신입사원은 많지 않다고 합니다. 신입사원 선발 과정을 치밀하게 보완해도 이직 또는 퇴사자가 너무 많고, 업무 성과도 기대에 미치지 못한다는 사실을 깨달은 기업은 결국 오랜 관행이었던 신입사원 정기 공채를 폐지하기에 이르렀습니다.

한 취업 중계 사이트 통계를 보면 2019년까지 16.7%에 머물렀던

대기업의 수시 채용 비율이 1년 만에 3배 급증하여 60%를 기록했다고 합니다. 중견기업은 2019년 51.5%에서 2020년에 75.4%로 급증했으며 중소기업은 81.1%가 수시 채용을 하고 있습니다.

저는 대기업의 신입사원 정기 공채 폐지를 보면서 우리나라의 산업화시대 이후 최근까지 계속된 학벌 효과의 종말을 보는 것만 같습니다. 대학입시에 성공해 명문대라는 학벌을 얻으면 그 자체로 취업이 보장되고 그렇게 안정적으로 20대 사회생활을 시작하면 평생 먹고사는 문제를 해결할 수 있었던 시절은 끝났습니다.

평생직장이라는 개념도 이미 무너졌습니다. 신입사원으로 대기업에 입사했다 하더라도 오래 버티지 못합니다. 우리나라 100대 기업 임직원들의 평균 근속연수는 12년(2014년 기준)입니다. 500대 기업을 기준으로 본다면 10.32년이라는 통계가 있습니다. 결국 대부분이 40대에 새로운 직장을 구해야 합니다.

이제 여러분의 소중한 자녀들은 대부분 신입사원이 아니라 경력사원으로서 일자리를 찾아야 합니다. 신입사원 정기 공채가 경력사원 수시 채용으로 빠르게 대체되고 있기 때문입니다.

성적 경쟁에서 벗어날 수 있는 대안

여기서 부모들이 아이들의 진로 지도에 실패하지 않기 위해 장착해야 할 필수개념이 하나 더 나옵니다. 바로 평판 조회라는 겁니다.

중위권 학부모를 위한 공부·진로·진학

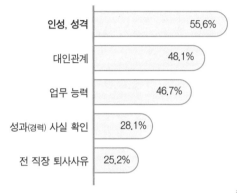

기업 64.9% "경력직 채용 시 평판 조회 한다"
※ 인사담당자 208명 설문조사 결과, 자료제공 : 잡코리아

Q. 평판 조회를 통해 확인하려는 것은 무엇인가?(평판 조회 한다고 응답한 135명 대상, 복수응답)

항목	비율
인성, 성격	55.6%
대인관계	48.1%
업무 능력	46.7%
성과(경력) 사실 확인	28.1%
전 직장 퇴사사유	25.2%

출처: 에듀동아, 2017년 7월 21일

이어지는 2017년 위 기사에 따르면 인사담당자의 68.9%가 채용이 거의 확정된 상태에서 평판 조회 결과 때문에 채용하지 않은 지원자가 있다고 답했습니다. 채용하지 않은 이유는 '인성에 대한 평가가 좋지 않아서(39.8%)'가 가장 많았습니다. △전 직장 이직 시 태도가 좋지 않아서(31.2%) △직장 상사 및 동료와의 불화가 잦아서(28%) △이력서에 기재한 학력이 실제와 달라서(23.7%) △이력서에 기재한 업무 성과(경력)를 과대 포장해서(23.7%) 등도 탈락의 이유라고 합니다.

신입사원을 선발할 때와 경력사원을 선발할 때의 기준은 완전히 달라집니다. 갑자기 인성이 가장 중요한 요소가 되고 학교생활과 다른 사회생활의 결과인 업무 능력이 핵심적인 비중을 차지합니다.

학교생활과 사회생활은 분명 다르지요. 명문대와 인기학과에 합격하려면 남들보다 성적이 좋아야 합니다. 학교생활의 대부분은 결국

성적 경쟁일 수밖에 없습니다. 하지만 사회생활은 경쟁이 아니라 협력을 중시합니다. 남보다 시험 잘 보는 능력은 쓸모가 없어집니다. 오히려 자신의 약점을 빠르게 인정하고 양보와 타협, 협력을 통해 문제를 해결하는 능력이 절대적으로 중요합니다. 이런 현실을 정확히 파악하면 중위권의 진로 전략이 명쾌하게 드러납니다.

여전히 계속되는 과도기의 혼란은 고입과 대입에서 무한 경쟁을 요구합니다. 만약 신입사원으로 안정적인 직장을 구하는 것이 목적이라면 우선 고입에서도 경쟁의 관점을 가져야 합니다. 입시 실적이 좋은 고등학교를 목표로 공부하는 것이 맞습니다. 대입은 더욱 경쟁적으로 접근해야 합니다. 신입사원으로 좋은 직장을 구하려면 학벌 효과가 여전히 필요하기 때문입니다.

하지만 앞서 살펴본 것처럼 경력사원 수시 채용을 목표로 한다면 전혀 다른 전략이 필요합니다. 상위권에 질 것이 뻔한 중위권이 승산 없는 성적 경쟁에 뛰어들 이유가 있을까요? 평판 조회를 잊지 않으셨지요? 남들과 소모적인 경쟁을 하느라고 자칫 인성에 문제가 생기면 큰일입니다. 오직 시험공부에만 매달리느라 기업활동에 필요한 역량을 제대로 기르지 못하는 것도 치명적이지 않을까요? 승산도 희박하고 승리했다고 해도 그 효과가 제한적인 시험공부-성적 경쟁에서 벗어날 수 있는 대안을 마련해야 합니다.

경쟁이 아닌 성장의 개념으로
진로 전략 세우기

국가직무능력표준(National Competency Standards)이라는 것이 있습니다. 흔히 NCS라고 하는데 우리나라에 존재하는 일자리가 요구하는 직무능력의 표준을 제시하고 있습니다. 다양한 직업 세계에 존재하는 여러 직업을 갖기 위해 어떤 지식을 쌓고 역량을 길러야 하는지 자세하게 안내하고 있습니다.

중위권의 진로 전략은 NCS에서 자신의 관심과 연결되는 직무를 찾는 것부터 시작해야 합니다. 그간 지긋지긋하게 괴롭혔던 국·영·수 성적이라는 족쇄에서 벗어나 자신이 관심을 가지고 열심히 배우고 싶은 직무를 찾는 일부터 시작해야 합니다.

학창 시절에 의미 있게 배우고 성장하는 것이 목적이기에 실제 취업할 직업과 정확하게 일치할 필요는 없습니다. 국·영·수 시험공부를 대신하여 열심히 배우고 싶은 것을 찾는 것으로 충분합니다. 자신에게 패배감을 안겨주는 시험공부, 사회에 나오면 쓸모가 없는 성적이 아니라 하루하루 열심히 배워서 사회에 꼭 필요한 인재로 성장하고 있다는 성취감과 자신감을 줄 수 있는 관심사를 찾으면 됩니다. 참고로 NCS에 포함된 직업의 분야를 소개합니다.

중위권은 NCS에 포함되어 있지 않더라도 자신의 관심사를 중심으로 진로 전략을 세워야 합니다. 고입은 물론 대입도 경쟁의 관점을 던져버리고 성장의 관점에서 접근하십시오. 영재고-과학고로 시작해서 특성화고까지 계층화된 경쟁 구조는 더는 의미가 없습니다. 자신에게

01. 사업관리 02. 경영·회계·사무 03. 금융·보험 04. 교육·자연· 사회과학 05. 법률·경찰·소방· 교도·국방 06. 보건·의료 07. 사회복지·종교 08. 문화·예술·디자인· 방송

09. 운전·운송 10. 영업판매 11. 경비·청소 12. 이용·숙박·여행· 오락·스포츠 13. 음식서비스 14. 건설 15. 기계 16. 재료

17. 화학·바이오 18. 섬유·의복 19. 전기·전자 20. 정보통신 21. 식품가공 22. 인쇄·목재·가구· 공예 23. 환경·에너지·안전 24. 농림어업

출처(www.ncs.go.kr)

가장 적합한 고등학교는 자신의 관심사를 발전시키는 데 도움이 되는 학교입니다. 만약 마땅한 고등학교가 없다면 차선책으로 성적 경쟁이 가장 덜한 곳을 선택하면 됩니다. 학교에서 제공하는 교육과정에서 도움받기 어렵다면 불필요한 시험공부-성적 경쟁의 압력을 가급적 덜 느끼면서 개인적으로 관심사를 발전시키면 됩니다. 학교의 도움을 받지 못하면 많은 어려움이 따르겠지만 소모적인 시험공부-성적 경쟁에 매달려 상처받고 소진되는 것보다는 백 배, 천 배 낫습니다.

대학입시도 성장의 관점에서 접근하면 됩니다. 의치한, 스카이로 시작해서 지방대, 전문대로 이어지는 수직적인 경쟁 구도는 신경 쓸 필요가 전혀 없습니다. 오직 자신의 관심사를 발전시킬 수 있는 학과가 있는 학교면 충분합니다. 만약 선택의 기회가 전문대밖에 없다 하더라도 의기소침해할 필요가 없습니다. 학벌 효과의 망령을 떨쳐내는 것이 핵심입니다. 경쟁이 아니라 성장에 도움이 되는 선택을 하면 그만입니다.

이제 전문대를 졸업하고도 좋은 직장에 갈 수 있는 시대입니다. 우

중위권 학부모를 위한 공부·진로·진학

리 사회에는 여전히 학벌 효과의 잔재가 남아있습니다. 특히 신입사원으로 직장을 구할 때가 가장 심합니다. 전문대 학력을 가지고 대기업 근처에도 가기 어려운 게 사실입니다. 하지만 구시대적인 학벌 효과에 주눅 들 필요 없습니다. 자신의 관심사를 실제 사회생활을 통해 실무적으로 경험할 수 있는 직장이 최고입니다.

중견기업이나 중소기업에서 일자리를 찾는 것은 그리 어렵지 않습니다. 더구나 고등학교와 대학생활을 통해 한 분야에 계속 관심을 가지고 꾸준히 성장한 신입사원이라면 여기저기서 모셔 갈 것이 확실합니다. 처음 사회생활을 시작할 때는 정규직과 비정규직, 대기업과 중소기업, 대졸과 고졸의 차별을 경험할 가능성도 있습니다. 명문대를 나와 학벌 효과를 누려 화려하게 사회생활을 시작하는 친구가 있다면 부러울 수 있습니다.

하지만 딱 1년만 지나면 상황은 역전됩니다. 자신에게 일자리를 제공한 회사를 위해 최선을 다해 일하고 동료들과 진심으로 소통하고 협력하면서 자신의 관심 직무에 대한 실무 경험을 쌓는다면 이제 가장 우수한 경력사원으로서 가장 뛰어난 평판 조회 결과를 바탕으로 얼마든지 원하는 대기업에 도전할 수 있습니다.

'경쟁'의 반대말을 '성장'이라고 이야기합니다. 경쟁노선을 선택하면 남보다 앞서가야 합니다. 그렇다 보니 하기 싫은 것도 해야 합니다. 하지만 성장은 하기 싫은 건 안 하는 겁니다. 하고 싶은 것만 열심히 하는 것입니다. 그 방법으로 내가 어떤 한 분야에 관심을 꾸준히 갖고 성장하면 굳이 남보다 앞서려는 노력은 하지 않아도 됩니다. 자신이 선택한 관심 분야에서 성장한 결과로 당당하게 사회생활을 시작할 수 있습니다. 그럼 자연스럽게 취업의 길이 열리는 게 세상의 이치입니다.

지금 내 아이, 경쟁하고 있나요? 성장하고 있나요?

여러분에게 묻고 싶습니다. 지금 여러분의 아이는 자신의 길을 잘 찾아가고 있나요? 혹시 성장의 길로 가야 할 아이를 질 것이 뻔한 경쟁의 길로 끌고 가고 있지는 않은가요? 아이는 지금 경쟁하고 있나요? 성장하고 있나요?

 소장님 이야기를 들으니 남들이 가고 싶어 하는 명문대에 떡하니 입학했던 큰조카가 생각나요. 조카가 작년에 졸업했는데 무엇을 하고 싶은지 찾지 못해 방황하고 있다는 언니의 하소연을 며칠 전에 들었어요. 명문대에 들어갔다고 정말 좋아했던 언니의 모습이 떠올라 저조차 속상했어요. 중2병보다 더 무섭다는 대2병이 실감되었어요. 그나마 2학년 때 진심으로 자신의 진로와 미래를 고민하기 시작하면 다행인데, 조카처럼 자신의 진로를 생각할 겨를 없이 공부만 하다가 졸업하고 나서 방황한다면 대학생활 낭비했다는 생각이 안 들 수 없지요. 소장님 말씀을 들어보니 저희 조카는 입시 경쟁에서 이겼지만 결국은 스스로 성장하고 변화하는 주도적인 시간이 없어서 방황했던 것 같아요. 어쩌면 당연한 결과였을지도요.

소위 모범생의 길이 아니라 뭔가 튀는 아이들을 둔 부모들은 불안하기 짝

　　　　　　　　　중위권 학부모를 위한 공부·진로·진학

이 없죠. 남들 다 하는 공부를 열심히 하면 좋으련만. 왜 저 일을 좋아하는 걸까 싶은 거죠. 저희 아이는 초등학교 6학년인데 바리스타 자격증을 따고 카페를 운영하고 싶다고 노래 부르듯 얘기하다가 어느 날부터는 유튜브를 보며 마카롱, 쿠키, 샌드위치에 별별 요리를 하면서 주방을 엉망으로 해놓더라고요. 이것저것 관심 보이는 아이가 대견할 때도 있는데, 아이의 학교생활과 학습에 더 관심을 두지 않을 수 없어서 불안하기도 해요. 그런데 소장님 말씀처럼 '성장'하는 시간이라고 생각하니 걱정이 좀 덜어지네요.

중위권 부모에게 불리한 성적 경쟁이 아닌 성장 중심의 진로 전략을 얘기하면 적극적으로 반기기보다 아쉬워하는 표정을 보입니다. 대한민국에서는 아직도 공부를 잘해 명문대에 합격하는 게 더 나은 길이라는 편견을 쉽게 읽을 수 있습니다. 그 마음 이해가 안 되는 것도 아닌데, 순간 격한 심정이 될 때가 있습니다. 오랫동안 아이가 중위권의 서러움을 겪어왔다는 걸 알면서도, 노력하지 않아서가 아니라 불리한 시험공부-성적 경쟁에 내몰렸기 때문에 좌절하고 방황하는 걸 알면서도 성적 경쟁을 포기하지 않는 부모의 모습이 안타까운 거죠. 공부와 진로는 참 지난한 문제인가 봅니다.

> 대학입시도 성장의 관점에서 접근하면 됩니다. 오직 자신의 관심사를 발전시킬 수 있는 학과가 있는 학교면 충분합니다. 만약 선택의 기회가 전문대밖에 없다 하더라도 의기소침해할 필요가 없습니다. 학벌 효과의 망령을 떨쳐내는 것이 핵심입니다. 경쟁이 아니라 성장에 도움이 되는 선택을 하면 그만입니다.

03

우리 엄마 아빠는
내 편이라는 믿음

요즘 부모들은 아이들이 제대로 살 수 있을까 걱정하느라 늘 마음이 편치 않습니다. 도대체 어떻게 해야 부모의 불안이 조금이라도 진정될 수 있을까요? 어떻게 해야 부모 마음을 아이가 알아줄 수 있을까요? 부모 마음과 아이 행동의 접점을 찾아보겠습니다. 1부에서 소개했던 김현수 교수의 《요즘 아이들 마음고생의 비밀》이라는 책을 소개해드리고 싶습니다. 이 책에는 다음과 같은 부제가 달려 있습니다.

'더 힘들어하고 더 많이 포기하고 더 안 하려고 하는'

도무지 이해할 수 없습니다. 자기 하고 싶은 건 다 하면서 그까짓 공부하는 게 뭐 그리 힘들다고 저렇게 유세를 부리는지 정말 마음에 안 듭니다. 조금만 노력하는 모습을 보이면 정말 기쁜 마음으로 열심히 밀어주고 싶은데, 하는 짓을 보면 부모 노릇 그만두고 싶은 심정입니다. 화도 내고 야단도 치고, 살살 달래기도 하고 비위도 맞추고 온갖 수단과 방법을 다 동원했지만 아이는 달라지지 않습니다.

안타깝지만 우리나라 중위권 부모 대부분이 겪고 있는 일입니다. 아이를 믿지 못하고 불안한 마음에 아이를 다그친 결과이기도 합니다. 지금까지 그렇게 해서 아이가 달라지지 않았다면 이제 다른 방법을 찾아야 하지 않을까요?

중위권 우리 아이 네 가지 상실

가장 시급한 것은 중위권이 실제 어떤 마음으로 살아가는지 느끼기 위해 최대한 노력하는 겁니다. 김현수 교수가 마음이 아픈 아이들에게 들은 이야기는 너무도 소중합니다.

> 희망의 상실 : "이번 생은 망했다."
> 자유의 상실 : "아무것도 내 마음대로 할 수 없다."
> 공감의 상실 : "그때 나는 마음에서 부모를 잃었다."
> 체험의 상실 : "공부 말고 해본 일이 없다."

첫 번째는 **희망의 상실**입니다. '이번 생은 망했다'라는 '이생망'이란 말, 들어본 적 있으시지요? 물론 그런 얘기를 들었을 때 부모 마음

노력해도 안 된다면 그냥 망했다고

포기하는 것이 더 마음 편하지 않을까요?

부모가 요구하는 대로 아무리 노력해도

늘 상위권과 비교당할 뿐이라면

아이들은 자기혐오에 빠지는 것보다

희망을 상실한 상태를 택합니다.

바로 '이생망'에서 오히려 위로를 받는 겁니다.

은 답답할 따름입니다.

"아니, 공부만 하는데 뭐가 그렇게 어렵다고? 잘 먹여주고, 잘 재워주고 해달라는 거 다해줬는데, 지들이 인생을 얼마나 살았다고 이번 생은 망했다는 걸까?"

하지만 어릴 때부터 불리한 경쟁에 내몰린 중위권 아이들은 희망을 느낀 경험이 없습니다. 지금까지 실패했는데 치열한 입시 경쟁을 뚫고 나갈 희망을 가질 수 있을까요? 설령 경쟁에서 이긴다 한들 이전 세대처럼 충분한 혜택을 누릴 수 없다는 사실을 요즘 아이들이 모를까요? 자신에게 불리한 기준을 들이대면서 무조건 경쟁에서 이겨야 한다고 말하면, 그 압박에서 벗어날 수 없는 인생이라면 사실상 망한 거 아닌가요? 패배자가 되고 싶지 않아 노력했지만 돌아온 결과는, 그렇게 하면 패배자가 될 수밖에 없다는 협박이었다면 어떨까요? 노력해도 안 된다면 그냥 망했다고 포기하는 것이 더 마음 편하지 않을까요? 부모가 요구하는 대로 아무리 노력해도 늘 상위권과 비교당할 뿐이라면 아이들은 자기혐오에 빠지는 것보다 희망을 상실한 상태를 택합니다. 바로 '이생망'에서 오히려 위로를 받는 겁니다.

두 번째는 **자유의 상실**입니다. 아이 마음대로 아무것도 할 수 없다는 겁니다. 아이가 하고 싶은 거 할 수 있는 자유를 달라는 말에 부모는 이렇게 답할 수도 있습니다.

"지금까지 너 하고 싶은 거 다 했는데 어떻게 자유가 없다는 말이 나와? 그래, 알았어. 그럼 이제 너 하고 싶은 거 다 해!"

하지만 이 말은 공감이 아닌 매우 강력한 협박인 거 부모님도 아시죠? 아이한테 자유를 주려면 시간과 공간을 분리해줘야 합니다.

"일주일에 두 번, 이 시간과 이곳에서는 네가 하고 싶은 거 네 맘대로 해도 돼."

아무런 제약이나 조건 없이 자유를 줘야 한다는 말입니다. 부모 눈치를 보면서, 감시의 눈초리를 피해가면서 겨우 욕구 불만을 해소하는 것이 자유일 수는 없습니다. 잠시 도피하는 자유를 말하는 것도 아닙니다. 온전히 아이가 자신의 의지에 따라 행동할 수 있는 진정한 자유가 필요하다는 말입니다.

지금 아이들은 부모님의 학창시절과 매우 다른 삶을 살고 있습니다. 특히 중위권 아이를 바라보는 부모와 사회의 부정적인 시선은 강력한 압박입니다. 아이의 마음에 여유를 빼앗아갑니다. 여러분의 어린 시절과 비교했을 때 아이가 느끼는 구속의 강도가 최소 10배 이상은 높아졌다고 해도 과장이 아닙니다.

세 번째는 가장 가슴 아픈 **공감의 상실**입니다. 부모에게 사랑을 느끼지 못하는 겁니다. 역시 이 대목에서도 부모들은 할 말이 많습니다. "아니 도대체 뭘 얼마나 더 신경을 써야 해요? 내 인생까지 포기했는데 부모 마음을 잃었다니, 정말 억울하네요!"

하지만 부모가 아이를 위해 노력한 것은 대부분 상위권이 되라는 압박이 아니었을까요? 끊임없이 상위권이 되는 길로 아이를 끌고 가면서 결과가 좋지 않다고 아이를 야단치고, 부모가 이렇게 노력하는데 너도 최소한 이 정도는 해줘야 하는 거 아니냐고 독촉하지 않았나요? 이 과정에서 아이는 어떤 마음이 들었을까요? 자신도 상위권이 되고 싶지만 마음처럼 되지 않아 속상한데, 부모는 노력이 부족하다고 다그칩니다. 속상한 마음을 알아주기는커녕 궁지로 모는 부모에게 계속 사랑을 느끼는 것은 정말 고통스러운 일 아닐까요? 도무지 벗어날 수 없는 수렁에서 탈출할 수 있는 유일한 방법은 더는 부모가 자신을 사랑하지 않는다고 믿고 마음에서 지우는 것입니다.

마지막 네 번째는 **체험의 상실**입니다. 지금까지 살아오면서 열심히 해본 일이라곤 공부밖에 없습니다. 뭐라도 관심을 가지고 열심히 하다 보면 배우는 것이 있기 마련인데 늘 공부부터 하라는 부모의 말에 원하는 일을 마음껏 해본 경험이 없습니다. 물론 공부에도 관심을 기울일 수 있지만 부모가 요구하는 것은 삶의 지혜를 배우는 인생 공부도, 사회생활을 하는 데 필요한 지식 공부도 아닙니다. 오로지 좋은 성적을 받아 경쟁에서 이기기 위한 시험공부일 뿐입니다.

가끔 시험공부를 하면서 관심이 생기고 재미를 느낄 때도 있지만 문제를 풀지 못하면 아무런 소용이 없기 때문에 결국은 하기 싫어집니다. 미래에 거지 같은 인생을 살고 싶지 않으면 시험공부를 열심히 해야 한다는 말을 지겹게 들었지만 마음은 오히려 거부반응을 일으킵니다. 어차피 해도 결과가 좋지 않을 것이 뻔한데, 결과가 좋지 않으면 분명 열심히 하지 않았다고 혼날 게 뻔한데, 그렇다고 공부를 포기하면 후환이 두려우니 시늉만 내야겠다는 마음이 되어버리는 겁니다.

    부족함 없이 원하는 대로 부모에게 지원받고 자라는 것 같은 요즘 아이들, 예전보다 물질적으로 풍요로워졌어도 마음은 더 빈곤한 게 아닌가 싶어요. 저도 그런 말을 불쑥 내뱉을 때가 있어요. "부족한 것 없이 다 해주는데 넌 정말 뭐가 문제니?" 얼마 전에도 아이에게 이 말을 했는데, 아이가 대꾸하지 않더라고요. 소장님 얘기처럼 아이가 공감의 상실을 느껴 대꾸하지 않았던 건 아닌가 하는 생각에 마음이 답답하네요. 모든 걸 최대한 부족하지 않게 해준다고 생각했는데 정작 아이에게 상처를 주는 잔소리만 했네요.

제 두 아이에게 체험이나 견학만큼은 충분히 시켜줬다고 자부하거든요. 소장님 얘기를 듣다 보니 그것 또한 제 욕심이었나 하는 생각이 드네요. 예를 들어 지난 주말에는 어린이박물관에 가서 실컷 체험하고 놀게 해주고 집에 왔는데, 또 놀이터 나가서 놀고 싶다는 거예요. 이제 그만 학교 숙제를 했으면 좋겠는데 말이죠. 어이없어 아이를 보며 말했어요. "이제껏 놀고 왔는데 또?" 아이의 선택이 아니었던 그 시간은 그냥 엄마가 가자고 해서 다녀왔던 거예요. 또 체험을 적극적으로 안 하면 가성비 아깝게 생각하고 열심히 해보라고 잔소리 아닌 잔소리를 했는데, 모두 제 욕심이었던 것 같아요. 제가 원하는 거 말고, 아이가 원하는 것은 무엇인지 물어봐야겠어요.

제 남편은 흔히 말하는 '개천에서 난 용'이에요. 가정형편이 어려웠는데 혼자 힘으로 상위권 대학을 나오고, 대기업에 들어가 인정받고 일하고 있어요. 남편 눈에는 아이들이 열심히 공부하지 않는 것처럼 보이는지 가장 많이 하는 잔소리가 "호강에 겨운 줄 모르고 노력하지 않는다"예요. 아이들이 어릴 땐 그래도 아빠라고 따랐지만, 사춘기 접어들 무렵이 되니 아빠를 슬슬 피하는 게 눈에 보여요. 아이 아빠에게 소장님이 말씀하신 아이들의 네 가지 상실을 들려주고 싶네요.

이런 표현 정말 죄송하지만, 요즘 어른 중에 밥맛없는 꼰대가 참 많아요. 이들은 아이들한테 자신의 성공 경험을 자랑합니다. 물론 본인의 노력도 있었겠죠. 하지만 고성장기인 과거에는 노력한 만큼 성공 확률이 높았지만 지금은 그렇지 않습니다. 대학 진학률이 30%일 때와 70%일 때는 큰 차이가 있습니다. 누구나 조금만 노력하면 상위권이 될 수 있던 시절도 있었지만 지금은 웬만큼 공부해도 상위권이 되기 어려운 현실입니다.

'하면 된다'라는 말이 통하던 시절은 끝났고, 지금은 '돼야 한다'는 생각이 지배적인데 열심히 해도 되지 않을 것 같은데 괜히 고생만 하느니 일찌감치 포기하자는 사고방식이 아이들에게 생긴 겁니다. 사람의 생각은 세태를 반영합니다. 사회의 변화는 고려하지 않고 정신 승리만 강조하는 것은 세대 단절, 소통의 포기와 다를 바 없습니다. 상위권이 되도록 지원할 테니 노력해서 상위권이 되라는 부모 세대의 압력은, 상위권이 되고 싶지만 좌절한 아이 세대와 단절을 가져옵니다.

물론 먹고사는 문제는 예전에 비할 바가 아니지요. 하지만 결혼하고 아이를 낳으면 애국자라는 말이 나올 정도로 세상은 각박해졌습니다. 요즘 아이들 마음고생은 어려서부터 편하게만 자란 아이들의 나약한 정신 상태 때문이 아니라, 부모 세대와 분명히 다른 현실 상황을 반영하는 겁니다. 앞에서 살펴본 것처럼 장기 저성장기에 접어들면서 일어난 사회의 변화들이 지극히 자연스럽게 아이들의 마음에 반영된 것이라고 볼 수 있습니다.

'Impossible'이 아닌 'I'm possible'을 믿으세요

이제 충분히 시행착오를 겪었으니 새로운 길을 찾아 나서야 합니다. 가장 시급한 것이 아이 마음을 있는 그대로 느끼기 위해 노력하는 겁니다. '상위권이 될 수 있는 기회를 줬는데 왜 노력하지 않을까?'라는 생각에서 벗어나 '아이를 볼 때마다 한심하다는 생각이 들었는데 이제는 안타까운 마음이 드네. 아이에게 너무 미안하고 그동안 아이 마음을 몰라줘서 미안하다고 사과해야 할 것 같아'라는 생각으로 바뀌어야 합니다.

'Impossible'은 'I'm possible'이라는 이야기가 있습니다. 중위권의 좌절을 안고 견디느라 하고 싶은 게 없던 아이의 변화를 원한다면 고성장기의 성공 경험과 결별해야 합니다. "너 그렇게 공부 안 하면 백수된다!" 이런 협박이 아니라 "우리 아이가 많이 아팠구나. 많이 힘들었구나" 이런 생각이 들어야 합니다.

상위권을 만들기 위한 노력이 함정이었다는 사실도 깨달아야 합니다. 중위권 아이를 볼모로 잡는 사교육 시장을 간파해야 합니다. 중위권 아이에게 가장 힘이 되는 것은 바로 '우리 엄마, 아빠는 내 편'이라는 강력한 믿음입니다.

비록 현실은 적자생존, 약육강식이지만 부모의 믿음을 바탕으로 자신만의 길, 성장의 길을 가면 됩니다. 세상은 넓고 할 일은 많습니다. 그런데 문제는 그 많은 일을 제대로 할 수 있는 경험과 역량을 가진 사람은 정말 부족하다는 겁니다. 학창 시절에 시험공부밖에 한 게 없는데 막상 사회에 나오면 취업도 잘 안 되고, 어려운 현실과 직면하게 되니 자아 정체성에 대한 혼란까지 겪는 겁니다.

상위권이 되지 못한다고 아이를 다그쳤다면 이제 상위권이 되지 못한 아이를 위로해주십시오. 공부를 못하니까 어쩔 수 없이 기술이라도 배운다는 패배자 같은 생각에서 벗어나, 진정 자기 삶의 주인공으로 살아갈 수 있는 길을 찾아가도록 도와주십시오. 그 길로 안내하고 힘껏 도와주는 부모가 곁에 있다면 아이 스스로 행복한 삶을 만들 수 있습니다.

'Impossible'은 'I'm possible'이라는 이야기가 있습니다. 중위권의 좌절을 안고 견디느라 하고 싶은 게 없던 아이의 변화를 원한다면 고성장기의 성공 경험과 결별해야 합니다. "너 그렇게 공부 안 하면 백수된다!" 이런 협박이 아니라 "우리 아이가 많이 아팠구나. 많이 힘들었구나" 이런 생각이 들어야 합니다.

아이돌이 되고 싶은
아이라면

저는 부모 역할이 어려워진 결정적인 원인 중 하나로 공동체의 붕괴를 꼽습니다. 부모교육전문가로 활동한 초창기에는 개인적인 부모 역할과 공동체의 연결고리를 제대로 보지 못했지만, 공동체에서 이뤄지는 부모 역할의 모습을 직접 확인하고 나서 생각이 분명해졌습니다. 도시에서 고립된 삶을 살아가면서 자신도 모르게 서로 경계하는 부모와 달리, 서로 존중하고 신뢰하는 부모가 모이면 부모 역할에 자신감을 갖게 된다는 걸 알게 된 것이죠. 그중 제가 오랜 시간 함께하고 있는 한 공동체를 소개해드리고 싶습니다. 이곳 공동체의 어른들은 아이들 '진로' 문제를 어떻게 해결하고 있는지 봐주십시오. 진로 문제로 공동체의 한 부모가 이렇게 상담을 요청해왔습니다.

"아이가 프로야구 선수가 되겠다고 열심히 노력하는데 제가 볼 때 그 정도는 아닌 것 같아요."

"어머니, 프로야구 선수가 될 수 있을지 걱정 마시고 적극적으로 지지해주세요."

하고 싶은 야구를 마음껏 할 수 있는 기회를 적극적으로 만들어줄 필요가 있다고 말씀드렸습니다. 이미 이 마을공동체의 어른들은 아이들이 하고 싶은 것을 충분히 해볼 기회를 제공하는 것이 자신들의 역할이라고 생각하고 있었습니다. 아이들이 해보고 싶은 것이 있으면 이웃과 어른들이 발 벗고 나서서 기회를 만들어줍니다.

예를 들어 어떤 아이가 어른들이 느끼기에 엉뚱한 희망을 이야기합니다.

"저는 커서 아이돌이 되고 싶어요."

이 공동체의 부모는 어떻게 했을까요?

"이도 저도 아닌 거 되면 밥 굶기 딱 좋아!"

"하고 싶은 것 말고 남보다 잘하는 것을 해야 해!"

이런 말로 진로에 대한 아이들의 관심을 외면하거나 차단했을까요? 아닙니다. 이 공동체의 어른들은 마음을 모아 아이가 마음껏 꿈을 펼칠 수 있는 기회를 열어주었습니다. 전문 강사를 마을회관에 초빙해 평소 관심 있는 다른 아이들과 함께 본격적으로 춤과 노래를 배우게 해주었습니다. 그랬더니 한두 달 지나 아이들이 스스로 깨달았습니다.

"엄마, 나 아이돌은 안 맞는 것 같아."

이처럼 부모의 적극적인 지지는 오히려 부모와 아이 사이를 연결하는 소중한 경험을 만들어줍니다. 그런데 많은 부모가 이 공동체의 부모들과는 다른 방향으로 행동합니다. 아이의 진로가 자신이 생각했던 것과 다르면 꺾으려고 하죠. 아이는 부모에게 지기 싫어서 고집을 부립니다. 이것이 대부분 가정에서 일어나는 진로 갈등입니다.

마음껏 경험하고 스스로 선택할 수 있도록 해주세요

아이들이 스스로 판단할 수 있는 기회를 주지 않고, 부모가 먼저 판단해버리면 아이들은 쉽게 욕구 불만 상태에 빠집니다. 부모가 말릴수록 더 갈망이 커지는 경우는 허다합니다. 청개구리 근성은 예나 지금이나, 애나 어른이나 똑같습니다. 부모를 훼방꾼처럼 인식하면 부모와 아이 사이의 진로 갈등은 출구를 찾기 어려워집니다. 하지만 아이들이 하고 싶은 것을 마음껏 해볼 수 있는 기회를 준다면 오히려 진로 합의가 쉬워집니다.

"엄마, 아무래도 나는 야구선수로 성공하기에는 어려울 것 같아!"

"저는 노래를 취미로 하는 게 좋을 것 같아요. 진짜 실력자들을 만나보니 미련을 버릴 수 있겠어요."

그 공동체마을에 있는 아이들은 이처럼 일찍 철이 듭니다. 자신들의 경험을 바탕으로 합리적인 판단을 할 수 있기 때문이지요.

또 다른 특별한 사례를 소개합니다. 제게 상담 온 부모는 모두 의사였습니다. 외아들을 두었는데 공부를 매우 잘했습니다. 유명 특목고에서도 전교 1등이었습니다. 아들은 부모의 길을 따라 의사가 되고 싶어 했습니다. 그런데 정작 부모는 의사의 삶이 고되고 힘들어서 아이가 하지 않았으면 좋겠다며 더 행복한 일을 하길 바란다고 하셨습니다. 저는 이렇게 물었습니다.

"어머님과 아버님이 아드님과 진로에 대해 진지하게 얘기해본 적 있으신가요? 아이에게 왜 의사가 되기를 바라지 않는지 말해보셨나요?"

부모는 당연히 그런 적이 없었습니다. 저는 아이가 직접 의사의 삶을 경험할 수 있도록 부모에게 일주일 프로그램을 짜달라고 요청했습니다. 어떻게 됐을까요?

"새벽 두 시에 제가 일하는 병원 응급실에 아들을 데리고 갔어요. 또 정신과 의사인데 환자들을 상담해주며 너무 스트레스를 많이 받아서 정신과 치료를 받는 친구와도 만나게 해줬어요. 그랬더니 아들이 이틀 만에 이렇게 말하더라고요. 저, 의사 안 할래요. 다른 진로를 찾아볼게요."

부모가 원치 않는 진로를 희망해도 혹은 아이가 어리석은 진로를 선택하려 해도 그걸 지지해주는 게 부모 역할입니다. 부모가 적극적으로 지지하기 때문에 아이는 양과 질 면에서 충분히 경험하게 되고 스스로 판단하는 힘을 갖게 됩니다.

부모들이 쉽게 빠지는 함정이 자신은 합리적이고 아이들은 어리석다는 편견입니다. 핵심을 놓치고 있는 거죠. 중요한 건 아이가 스스로 자신의 선택이 잘되었는지, 잘못되었는지 판단할 수 있어야 한다는 겁니다. 부모의 반대는 오히려 아이의 반항을 살 뿐입니다. 아이 스스로 어리석음을 깨닫는 기회를 빼앗고 오히려 고집 부리게 만드는 빌미를 제공할 가능성이 높습니다. 부모의 지적을 받고 자신의 어리석음을 깨닫게 되었다는 얘기는 들어본 적이 없습니다.

진로 문제에서 부모가
해야 할 가장 중요한 역할

앞에 말씀드린 것처럼 부모와 아이 사이의 진로 갈등은 생각의 차이가 아닙니다. 생각은 결론입니다. 갈등은 그런 결론에 도달하게 된, 오랫동안 쌓인 경험의 차이 때문에 일어납니다. 그래서 결론적으로 드러난 생각의 차이만 놓고 타협하거나 합의하는 일은 너무 어렵습니다. 부모와 아이가 모두 동의할 수 있는 생각에 이르도록 징검다리 역할을 하는 경험을 어떻게 쌓을 것인가에 집중하십시오.

다른 부모가 그런 일을 해서는 먹고살기 힘들다고 반대한다면, 여러분은 거꾸로 현실적으로 아무리 성공하기 힘들어도 하고 싶으면 해보라고 적극적으로 기회를 제공해보세요. 부모에 대한 고마움도 부모와 아이 사이의 진로 갈등에서 벗어나는 데 효과가 있습니다. 결국 진로와 관련해서 부모가 해야 할 가장 중요한 역할은 아이가 무엇을 하고 싶어 하든 존중하고 지지하는 겁니다. 아이가 자기 삶의 주인공으로 현명한 판단을 할 수 있도록 도와주는 것입니다.

아이가 진로를 위해 충분히 노력하지 않아서 자신이 나설 수밖에 없었다고 말하는 부모님을 많이 만나봤습니다. 자신도 피곤하게 아이의 진로를 하나하나 관리하고 싶은 생각은 없지만, 아이에게 맡기면 죽도 밥도 안 될 것 같아 어쩔 수 없다고 하시죠.

부모님들은 분명 아이의 진로를 부모의 책임이라고 생각하는데, 상담하다 보면 뭔가 빗나가고 있다는 사실을 쉽게 확인할 수 있었습니다. 아이의 진로를 위해 무엇을 해야 하는지, 부모 역할을 판단하는 기준이 아이에게 있지 않았습니다. 말로는 아이에게 필요한 역할이라고 얘기하지만 사실상 다른 부모들에게 우월감을 느끼기 위해, 조금이라도 열등감을 덜기 위해 애쓰고 있었습니다.

한 의사 할아버지가 손자에게 병원을 물려주겠다며 온 가족이 입시 경쟁에 나섰습니다. 그들에게는 아이의 관심과 재능, 적성은 전혀 고려해야 할 가치가 아니었습니다. 오직 의대 합격을 위해 모든 자원을 집중했습니다. 재수, 삼수 하더라도 의사만 되면 된다는 거죠. 이 가족에게 아이의 입시는 말 그대로 가족 비즈니스에 가까웠습니다.

이렇게 아이에게 유망한 직업을 물려주기 위해 악착같이 나서는 부모 이야기를 들으면 여러분은 어떤 생각이 드나요?

"아무리 그래도 그렇지, 너무 심한 거 아니야!"

이렇게 자기 인생을 살지 못하는 아이를 안타까워하면서 비판적인 태도를 갖게 될까요? 아마 쉽지 않을 겁니다. 대부분 엄마들은 흔들리기 시작할 겁니다.

"저 사람들은 저렇게까지 노력하는데 나는 너무 안일한 거 아닐까!"

부모들끼리 벌이는 신경전에 심리적으로 가담하게 되면 흔들리기 시작할 겁니다.

자신의 능력과 노력이 부족해 아이 미래가 엉망이 될 것 같은 부정적인 기운이 스멀스멀 올라오기 시작합니다. 아이를 믿고 진로를 아이에게 맡기는 것은 사실상 아이를 방치하는 것과 다르지 않다는 판단에 이르면 도저히 가만있을 수 없게 되지요. 하지만 그렇게 부모끼리의 전쟁에 동원된 아이 진로는 어떻게 되는 걸까요? 부모끼리 서로 비교하면서 자괴감에 빠지거나 열등감을 느끼는 것까지는 괜찮습니다. 하지만 그 순간 아이들의 진로 또한 허무하게 무너진다는 사실을 기억해야 합니다.

진로의 기준은 아이입니다

아이가 진로 의식을 계발하는 데 무엇이 필요한지 부모는 관심을 기울이지 않습니다. 아이 미래를 위해서라는 말은 허울일 뿐 누가 더 경제력과 정보력이 뛰어난지, 누가 더 아이를 위해 악착같이 노력하는지, 끊임없이 비교하며 신경전을 하기 바쁩니다. 한 신문기사°의 제목과 주요 내용을 함께 살펴보시죠.

"진로를 아이 선택에 맡기라고? 그런 말 하면 엄마들한테 욕먹어"

인성 위주로 교육받는 행복한 아이로 키우겠다고 해도 6살 겨울방학이 되면 엄마들 마음은 불안해지기 시작하지. 초1부터 '빅3 어학원' 보내 미국 교과서로 선행 학습. 엄마들은 6학년까지 영어 끝내놓고 중학교 보내고 싶어 해. 중1·중2 되면 비로소 아이 성적으로 위치를 알

° 〈경향신문〉, 2018년 9월 22일.

게 되고 "엄마가 공부시켰어야지"라는 얘기가 나오기 시작해. 그렇게 대학 가고 취업해도 잘살 수 있다는 보장은 없지, 그런데도 엄마들은 '최선을 다해야지' 하고 가는 거야.

"잘살 수 있다는 보장은 없지만 최선을 다한다"는 말을 어떻게 받아들여야 할까요? 이 기사에서 '최선'의 기준은 분명 아이에게 있지 않습니다. 부모 주도의 사교육 무한 경쟁에서 뒤처지지 않기 위해 최선을 다한다는 말이 정확한 설명일 겁니다. 아이가 자기 인생의 주인공으로 행복하게 살아갈 수 있는 진로가 아닙니다. 사회적 서열에서 조금이라도 위에 있는 직업으로 아이를 이끌기 위해 최선을 다하는 것이겠지요.

대치동 분위기가 그렇습니다. 엄마가 직업이 있으면 그 엄마를 부모 모임에 안 끼워줍니다. 직업까지 포기하고 아이한테 올인해야 인정해주는 겁니다. 돈도 많고 정보력도 뛰어난 부모가 아이 미래를 위해 최선을 다하는 것을 보면 대다수 부모가 "나는 지금 뭐 하고 있지? 나는 이기적인 부모인가? 정말 나 때문에 우리 아이 미래를 망치는 게 아닌가?" 이렇게 생각합니다. 왜 그런가요? 여러분 자신과 다른 사람을 비교하니까 그렇습니다.

대치동에서 숨도 제대로 못 쉬는 아이들이 많습니다. 부모가 워낙 치밀하게 관리하니까 숨을 못 쉽니다. 무조건 부모가 시키는 대로 해서 유산 다 물려받을 때까지는 숨도 못 쉬는 겁니다.

이런 아이들은 부모에게 어떤 마음을 가지고 있을까요? 존경하고 사랑할까요? 아닙니다. 대부분 아이들이 '복수'를 마음에 품고 키움니다. 일단 지금은 부모 마음에 들게 최선을 다해 공부해서 의대 가주고, 그리고 의사가 되면 복수하자고 생각합니다.

여러분, 사회의 기준에 합당한 부모 역할이 중요한가요, 아이들 마음속에 있는 부모 역할이 중요한가요? 아이 마음속에 있는 여러분의 모습이 중요하지 않을까요?

"우리 엄마는 날 믿어. 진심으로. 날 이해하려고 노력하시는 모습이 참 존경스러워."

아이가 이렇게 생각하면 최고의 부모 아닌가요? 주변 엄마와 비교하며 흔들리지 마십시오. 그때부터 아이와의 관계는 물론 진로도 흔들립니다.

코로나 이후 온라인 수업이 늘어났음에도 불구하고 꽤 많은 학교폭력 사안들이 올라온다는 이야기를 교사인 지인에게 들은 적 있어요. 그중 상당 부분이 부모를 욕하는 패드립의 언어폭력이라고 해요. 어쩌다 그 밝고 순수했던 우리 아이들이 학교에 들어가면서 부모 욕을 서슴치 않게 됐을까요? 설마 우리 아이도 그럴까 싶지만 아니라고 믿고 싶네요.

나는 아이에게 어떤 엄마였을지 돌이켜보게 되네요. 예전에 친하게 지내던 이웃의 친정엄마가 갑자기 돌아가셔서 장례식장에 간 적이 있어요. 그 엄마가 울면서 영정사진 앞에서 이렇게 말하더라고요. "엄마, 내 엄마로 살아줘서 너무 행복했어. 한시도 이 생각을 잊은 적이 없어." 들으며 정말 울컥했어요. 제 두 아이에게 물어본다면 어떤 답을 들을 수 있을까 궁금하고, 설레기도 하고, 겁도 나네요. 제가 생각하지 못한 말이 나올까 봐요.

중위권 학부모를 위한 공부·진로·진학

일을 핑계로 방치한 부분도. 너희들을 위한 거라며 제 생각대로 끌고 간 것들 모두 아이들이 어떻게 생각할지 걱정되네요.

🧑 딸이 초등학교 2학년이었을 때 일기장에 '엄마에게 혼난 날'이라고 쓴 걸 본 적 있어요. 본인이 왜 혼났는지에 대한 내용은 없고, 혼내는 엄마가 괴물처럼 무서웠다고 쓴 걸 보고 황당하기도 하고 반성도 되었어요. 내 목소리와 몸짓이 괴물처럼 보였구나 싶었어요. 그 이후, 아이에게 화낼 때 더 조심했던 것 같아요. 커서 엄마에게 복수할 거란 요즘 아이들 이야기를 들으니 제 사촌오빠 생각이 나요. 이모가 사촌오빠의 일기장에 "커서 엄마한테 복수할 거다"라는 이야기를 보고 충격받았다는 이야기를 하신 적이 있거든요. 물론 네 아이의 아빠가 된 사촌오빠는 지금 이모에게 매우 잘합니다. 사춘기 때 잠깐 그런 생각을 할 수도 있는 거 아닐까 하면서도, 제 아이가 그런 복수를 꿈꾼다고 생각하면 너무 아찔해요.

네 가지 유형의 진로 성향

그렇다면 내 아이가 주인공이 되는 유리한 진로는 무엇일까요? 먼저 내 아이의 유형을 파악하는 것이 중요합니다. 아이들은 크게 네 가지 유형으로 나눌 수 있습니다.

첫 번째, 입시 경쟁형의 아이들이 있습니다. 이런 친구들은 승부 근성이 있습니다. 공부에 유리한 아이들이죠. 열심히 공부해서 자기가 원하는 대학에 충분히 갈 수 있는 친구들입니다. 부모가 애쓰며 공부시키지 않아도 됩니다. 오히려 아이가 스스로 잘하는데 더 무리하게 몰아붙여서 갈등을 일으킬 수 있습니다.

두 번째, 자기 성장형의 친구들이 있습니다. "왜 굳이 경쟁을 해야 해? 하고 싶은 거 열심히 하면서 살면 되지!"라고 생각하는 아이들이 이 유형에 속합니다. 스스로 성장하는 일에 충분히 만족하는 아이들입니다. 이런 유형의 아이들을 입시 경쟁으로 몰고 가면 어떻게 될까요? 그야말로 지옥을 겪게 됩니다. 아이뿐 아니라 엄마도 지옥을 겪게 됩니다.

세 번째로 지역 가족형이 있습니다. 지역 가족형이란 자기가 사는 지역사회에서 충분히 일자리를 찾을 수 있는 친구들입니다. 예를 들어 어떤 부모가 시골에 작은 장터에서 30년 동안 국밥집을 운영해왔다면, 엄청난 단골을 갖고 있겠죠. 그 아이에게는 그 국밥집을 운영하는 게 확실한 진로일 수 있습니다. 일본은 오래전부터 가족 기업이 많았습니다. 그런데 아직도 우리나라의 부모는 고생해서 돈을 벌면 자식들은 공부시켜서 서울로 보내야 한다고 생각합니다. 그런데 부모가 생각하는 고생이 정말 고생일까요? 몸은 힘들어도 마음이 즐거우면 고생이 아니거든요.

마지막으로 치유 회복형이 있습니다. 가장 안타까운 유형입니다. 이 친구들은 마음이 아픕니다. 삶이 아픕니다. 자신에게 불리한 시험

중위권 학부모를 위한 공부·진로·진학

공부와 경쟁을 강요당해 위축되어 있습니다. 주변의 시선도 차갑습니다. 하지만 이 유형의 아이들도 불리했기에 소극적이었던 것일 뿐, 자신에게 유리한 길을 만나면 분명 달라질 수 있습니다. 노력하지 않으면 굶어 죽는다는 협박이 아닌, 너도 훌륭한 사람이기에 얼마든지 잘할 수 있다는 격려가 필요합니다.

그렇다면 누가 겉으로 드러난 모습이 아닌, 숨어 있는 엄청난 잠재력에 주목하여 아이에게 희망의 목소리를 전할 수 있을까요? 바로 부모입니다. 우리 아이도 훌륭한 아이라고 굳건한 믿음을 주는 게 중요합니다.

부모가 원치 않는 진로를 희망해도 혹은 아이가 어리석은 진로를 선택하려 해도 그걸 지지해주는 게 부모 역할입니다. 부모가 적극적으로 지지하기 때문에 아이는 양과 질 면에서 충분히 경험하게 되고 스스로 판단하는 힘을 갖게 됩니다.

사회적 확률이라는 미신

EBS에서 한국 부모와 미국 부모의 교육법을 비교하는 방송을 본 적이 있습니다. 미국 엄마들은 절대적 기준에 반응하는 반면, 한국 엄마들은 상대적 기준에 반응한다는 재미있는 연구 결과를 보여주는 프로그램이었습니다.

절대적 기준이란 무엇일까요? 아이가 "엄마, 나 헤어디자이너가 되고 싶어"라고 하면 미국 엄마는 옆집 아이가 의사가 됐다는 말을 들어도 신경 안 씁니다. 자기만의 기준이 확고하기 때문입니다. 그런데 한국 엄마들은 상대적 기준에 반응하기 때문에 옆집 아이가 의대를 갔다고 하면 우울해지는 거죠.

아이 진로 문제에 고민과 갈등이 생길 때마다 여러분이 가장 노력해야 할 것은 바로 자기 성찰입니다. '아이한테 하는 이야기가 정말 아이를 위한 걸까? 나도 모르게 자존심이 상해 다른 부모에게 열등

중위권 학부모를 위한 공부·진로·진학

감을 느끼지 않으려고 아이를 힘들게 한 건 아닐까?' 이러한 자기성찰이 필요합니다.

깊은 성찰 끝에 내 아이에게 유리한 진로가 가장 성공적인 진로라는 깨달음에 도달해야 합니다. 아이가 원하지 않는데 사회적으로 인정받는 직업을 갖길 원하는 마음은 그림의 떡을 배불리 먹겠다는 부질없는 착각과 같습니다. 사회적인 성공 확률은 바늘구멍 같지만 내 아이가 열심히 살아갈 수 있는 길이라면 반드시 성공할 것이라는 믿음이 필요합니다. 사회적으로 성공이 보장된 길이기에 아이를 끌고 가는 것이 아니라, 아이가 가고 싶은 길이기에 열심히 지지하는 것이 오히려 성공 확률이 높다는 사실을 지금부터 입증해보겠습니다.

내 아이에게 유리한 진로가
가장 성공적인 진로

간암 4기 환자가 완치된 사례를 소개합니다. 암 환자 세계에서는 신화적인 인물인 전 서울대학교병원장 한만청 박사의 이야기입니다. 이분이 병원장으로 재직한 시절에 몸에 이상을 느껴서 진단받으니 간암 4기였다고 합니다. 암을 판정받고 후배 주치의와 이야기해본 결과 6개월 이상 생존율이 5%밖에 안 되는 거예요. 시한부 판정을 받은 거죠.

그런데 이분은 이렇게 생각합니다.

'누군가는 5%의 확률로 살 거 아니야? 그럴 땐 내가 5%가 되면 되

는 거야!'

의학적으로 판정된 객관적 생존 확률은 5%였지만, 그게 바로 나라고 확신하는 순간 주관적 생존확률은 얼마가 됩니까? 100%가 되는 거 맞지요? 저는 이게 인생이라고 생각합니다.

사회적인 시각에서 의사와 미용사를 비교해보겠습니다. 어떤 쪽이 더 좋은 직업일까요? 당연히 의사겠죠. 하지만 모든 의사가 미용사보다 잘 벌고 잘 사나요? 개인마다 다를 수밖에 없습니다. 개인적 확률과 사회적 확률은 분명 다른 겁니다.

사회적 확률을 선택한 결과 자발성을 잃게 된다면, 사회적으로 성공하고 싶은 욕망 때문에 진정 자신이 하고 싶은 일을 포기해야 한다면 어떤 삶을 살게 될까요? 의사가 되기 위해서는 열심히 노력해야 한다는 사실을 빤히 알면서도 마음이 뒷받침해주지 않습니다. 공부를 열심히 해야 한다는 의무감은 강해지는데 의욕은 생기지 않습니다. 게다가 사회적 확률을 보고 뛰어든 상위권과 경쟁하며 의욕이 꺾이기도 합니다.

반면 사회적인 성공 확률은 낮지만 자신이 하고 싶은 일이기에 희망을 가지고 의욕적으로 도전한다면 어떤 삶을 살게 될까요? 성공 확률이 낮다는 현실적인 판단 때문에 잠시 흔들리기도 하지만 마음에 샘솟는 열정이 있기에 열심히 할 수 있습니다. 또한 매우 주관적인 선택이기에 경쟁자가 적습니다. 남보다 잘해야 한다는 스트레스가 없다는 점도, 스스로 성취감을 느끼면서 성장하면 된다는 점도 성공 확률을 높여줍니다.

우리 부모들이 정말 아이 진로를 걱정한다면 새로운 생각을 할 줄

중위권 학부모를 위한 공부·진로·진학

알아야 합니다.

사회적 확률의 미신과 관련된 사례를 하나 말씀드리겠습니다. 한 여중생이 찾아왔습니다. 이 친구는 정말 책을 좋아하고, 공부도 잘했습니다. 그런데 고등학교 선택을 하면서 고민하는 거예요. 부모님은 당연히 공부 잘하는 딸이 자사고나 외고, 특목고로 가길 원했죠. 그런데 체력이 너무 약했습니다. 남과 경쟁하기를 즐기지도 않았죠. 이런 유형의 아이는 중학교까지는 굳이 경쟁의식을 갖지 않아도 최상위권 성적을 유지할 수 있습니다. 그런데 고등학교는 다릅니다. 우수하지만 이런 성격을 가진 아이가 경쟁이 밀집된 곳에 가서도 잘 버틸 수 있을까요? 그 부분에서 많은 고민 끝에 여학생의 부모님에게 지방 고등학교에 보내라고 권유했습니다. 부모님의 친척 중 지방에 살고 계신 분이 있었고, 그 친척 집에서 등하교가 가능한 가까운 학교를 안내했습니다. 이후 어머니가 그 학교에 관한 자료를 모두 찾아보시곤 이렇게 말씀하셨습니다.

"그 학교에서는 3년 동안 스카이를 한 명도 못 보냈어요."

제가 뭐라고 답했을까요?

"어머님 딸은 서울대 100퍼센트입니다."

무슨 말인지 이해되십니까? 그 여학생의 어머니가 찾은 건 학교의 확률일 뿐입니다. 과거 사회적 기준에 불과합니다. 다행히 그 여학생의 부모님은 제 말을 이해하셨습니다.

"맞아요. 통계일 뿐이죠. 우리 딸이 그 통계의 희생양이 될 이유는 없죠."

이 아이는 고등학교에서 행복하게 공부했고 건강까지 덤으로 회복했습니다. 원하는 대학에 무난하게 합격한 것은 당연한 결과였습니다.

여러분, 사회적 통계인 확률에 현혹되지 마세요. 사회적 통계에서 벗어나 우리 아이에게 유리한 길을 선택하면 아이의 진로에 희망이 보입니다.

미래보다 현재에 집중하기

또 하나 중요한 게 있습니다. 미래보다는 현재에 집중해야 합니다. 이게 정말 중요합니다. 진로는 미래잖아요. 그렇죠? 그런데 왜 현재에 집중해야 될까요? 아이들이 꿈이 정말 다양하죠. 그런데 어떤 아이는 어제 하고 싶은 게 다르고 오늘 하고 싶은 게 달라요. 이랬다저랬다 해요. 그럼 여러분은 어떻게 하시겠습니까?

제 경험입니다만, 제 딸이 유치원 다닐 때 발레를 너무 하고 싶어 했어요. 발레복도 맞춰 사주고 학원도 알아보며 보냈더니 딸이 한 번 갔다와서 이러더라고요.

"아빠, 발레 재미 없어. 안 할래."

이와 같이 적극적 지지를 해주는데 아이가 오락가락할 때 우리는 어떤 생각을 해야 될까요? 아이는 찾고 있는 겁니다. 자신에게 맞는 꿈을 찾고 있다고 생각해야 합니다.

아이가 어려서부터 워낙 호기심이 많고 해보고 싶다는 게 많았어요. 의욕을 꺾지 않으려고 모두 시켜줬는데 또 쉽게 흥미를 잃더라고요. 그런 모습이 걱정되어 한 번 시작한 건 끈기 있게 해보라고 설득하기 시작했어요. 어느 순간 아이와 실랑이를 벌이고 있더라고요. 사실 무언가를 끈기 있게 하는 능력도 필요하잖아요. 마음에 들지 않으면 금방 그만두는 게 습관이 될까 봐 걱정되었어요. 그 또한 아이 스스로 맞는 꿈을 찾아가는 과정에 있는 거라는 소장님 말씀에 위로가 되고 안심되네요.

🧑 남이 가진 건 부럽고 자신이 가진 건 소중하게 생각하지 못한다고들 말하잖아요. 저희 아이는 책을 참 좋아하는데, 어느 때는 정도가 지나친 게 아닐까 생각할 때도 있어요. 예를 들어 시험이 다가오면 책을 놓고, 준비하는 모습도 필요할 텐데, 저희 아이는 무조건 책을 끝까지 봐야 하는 거예요. 그 모습이 속 터지게 답답했어요. 반면, 관심 없는 건 거들떠보지도 않아서 과목마다 편차가 심해요. 걱정되었는데, 소장님 말씀을 들으니 아이에게 호불호가 있는 걸 감사하게 생각해야 할 것 같네요.

🧑 어떤 부모가 내 아이에게 유리한 길을 가고 싶지 않을까요? 그런데 내 아이에게 유리한 길이 보이질 않는다면, 너무 어리석은 질문일까요? 내 아이에게 유리한 길을 선택한다는 게 막연하게 느껴져요. 내 아이를 정확하게 볼 수 있는 생각과 마음, 그리고 노력이 아직 부족한 걸까 싶기도 하고요. 조금 더 도움 주고 싶어 시간과 비용을 투자하면서 여기까지 온 건데 아이에게 유리한 길이 무엇인지 믿음보다 불안한 마음이 더 커서 어렵네요.

부모들의 불안한 마음, 너무나 공감이 됩니다. 하지만 불안한 마음으로 과연 아이에게 유리한 판단을 할 수 있을까, 걱정되는 것도 사

실입니다. 불안하기 때문에, 불안감을 조금이라도 덜 느끼기 위해서
이루어지는 부모 역할과 불안 문제를 해결하고 마음이 안정된 상태
에서 이루어지는 부모 역할은 분명 다르겠지요. 지금 우리는 불안감
에 맞서 승리하기 위해, 아이의 몸과 마음이 무엇을 원하는지 온전히
볼 수 있는 안정된 마음 상태를 위해 노력하고 있다는 사실을 잊지
마십시오.

깊은 성찰 끝에 내 아이에게 유리한 진로가 가장 성공적인 진
로라는 깨달음에 도달해야 합니다. 아이가 원하지 않는데 사회
적으로 인정받는 직업을 갖길 원하는 마음은 그림의 떡을 배불
리 먹겠다는 부질없는 착각과 같습니다. 사회적인 성공 확률은
바늘구멍 같지만 내 아이가 열심히 살아갈 수 있는 길이라면
반드시 성공할 것이라는 믿음이 필요합니다,

중위권 학부모를 위한 공부·진로·진학

진로에 가장 중요한
부모의 불안대처법

지금 대부분 가정에서 부모와 아이는 서로 아군이 아니라 적군이라는 사실을 알고 계십니까? 낙오 공포에 사로잡힌 부모는 아이를 가만히 둘 수가 없습니다. 제대로 따라오지 않는 아이를 결국 적군으로 만드는 3종 세트인 화, 짜증, 잔소리를 남발합니다. 아무리 좋은 의도를 가져도 아이에게 전달되지 않는 상태, 서로를 적대시하는 관계가 되면 부모 역할은 수렁에 빠집니다.

결국 관계의 단절이 문제인데 이를 해결할 수 있는 최신 뇌 과학의 연구 성과를 반영한 공감 연습을 소개해드리고 싶습니다. 부모를 사교육 소비자로 만들기 위해서는 불안감이 필요하다고 했습니다. 다양한 사회적 요인이 유발한 부모의 불안감은 아이의 진심을 느끼지 못하게 만드는 오염물질이나 다름없습니다. 부모와 아이 사이에 깊이 파인 감정의 골을 메우는 방법을 소개합니다.

아이 표정 있는 그대로 관찰하기

우선 아이 표정을 있는 그대로 관찰하고 느끼려는 노력이 필요합니다. 우리 뇌에는 미러 뉴런(거울신경세포)이라는 것이 있는데, 상대방의 표정을 보면서 얼굴 근육 상태를 그대로 복사하는 신경 세포를 말합니다. 상대방이 지금 슬프다는 것을 느낄 수 있으려면 먼저 감정이 드러난 표정의 얼굴 근육을 그대로 복사할 수 있어야 합니다. 사람들이 의식하지 못하지만 얼굴 근육 복사라는 과정이 진행되기 때문에 같이 웃고, 울 수 있는 것입니다. 부모님들은 평소 아이의 표정에 얼마나 관심을 가지는지요?

실수로 유리병을 깨뜨린 아이를 보고 버럭 화를 내는 부모의 모습, 낯설지 않으실 겁니다. 이번에는 유리병을 깨뜨려 난처해진 아이 표정을 상상해보세요. 잘못을 반성하는 의미로 고개를 푹 숙이고 있는 아이에게 한바탕 분풀이를 하면 잠시 속이 시원해지는 건 맞습니다. 이번에는 아이를 꼭 안아주면서 살며시 양 볼에 손을 대고 고개를 들어 눈을 마주치는 부모 마음을 떠올려보세요. 아이 표정을 보면서 마음을 느낄 수 있다면, 그렇게 공감한다면 과연 화가 날까요?

아이 표정을 보지 않은 상태에서 일어나는 부모 마음은 결코 진심이 아닙니다. 아이 미래를 위협하는 불안감을 마음 챙김을 통해 알아차리고 아이 표정에서 진심을 느끼기 위해 노력해야 합니다.

아이 표정을 보지 않은 상태에서 일어나는
부모 마음은 결코 진심이 아닙니다.
아이 미래를 위협하는 불안감을
마음 챙김을 통해 알아 차리고
아이 표정에서 진심을 느끼기 위해
노력해야 합니다.

상황의 이동

늘 찝찝하고 불쾌했던 불안감을 몰아내고 희망을 더 키우는 공감의 다음 단계는 바로 상황의 이동입니다. 저는 용서할 수 없는 아이 행동은 없다고 주장합니다. 부모로서 도저히 용납할 수 없다고 생각하는 원인은 아이에게 있지 않습니다. 아이가 왜 그런 행동을 했는지, 아이가 처한 상황에 대한 부모의 이해가 부족하기 때문입니다.

더는 부모 눈치조차 보지 않고 노골적으로 게임에 매달리고 있는 중학생 아이가 고민이라며 지친 얼굴로 저를 찾아온 어머니께 이렇게 말씀드렸습니다.

"아이가 왜 그런지 이해하는 것이 우선입니다. 혹시 기회가 되면 아이에게 게임을 배워보세요."

무슨 말 같지 않은 소리냐고 했던 그 어머니는 백방으로 노력해도 심해지는 아이의 게임 중독에 지푸라기라도 잡는 심정으로 제 이야기를 떠올렸다고 합니다. 아이가 하는 게임을 배우기 시작했는데 생각보다 재미있어서 아이를 조금 이해하게 됐다고 했습니다. 저는 아이에게 게임 잘하는 방법을 배워볼 것을 권했고, 얼마 후 다시 찾아온 어머니가 이렇게 말하셨습니다.

"아이가 왜 게임을 하는지, 아니 왜 게임만 하려고 했는지 이제 이해가 돼요. 아이가 싫다고 했는데 대치동으로 이사 온 게 화근이었던 것 같아요."

감정의 변화 알아차리기

서로의 진심이 만나는 공감에 이르면 적군에서 빠르게 아군으로 돌아올 수 있습니다. 아이의 표정에 집중하고 아이가 처한 상황을 이해하기 위해 노력하는 과정에서 서서히 변화가 나타납니다.

이것이 바로 공감의 세 번째 단계인 감정의 변화입니다. 공감은 결코 인내가 아닙니다. 화가 나지만 참으면서 상대방의 입장을 이해하기 위해 입술을 깨무는 것이 아니라는 말입니다. 아이의 표정과 당시의 상황을 파악해 읽을 수 있는 아이의 진심이 부모 마음에 스며드는 것이 바로 공감입니다.

아이 미래가 불안한 것은 결코 아이 때문이 아닙니다. 부모의 낙오 공포가 아이를 불리한 경쟁으로 내몰고 있기 때문입니다. 낙오 공포의 만행을 알아차리십시오. 그리고 부모의 진심을 보호하는 '마음 챙김'과 '공감'으로 아이를 진심으로 다시 만나길 바랍니다.

불안한 마음이 들 때 미리 걱정하거나 회피하지 말고 직접 대면해 해결해야겠어요. 부모가 불안해하지 않으면 현실에 직면해 아이가 스스로 불안감을 느끼며 돌파구를 찾는다는 말씀이 인상적이었습니다. '회피'보다는 문제에 직면할 용기를 내야 극복할 기회를 가질 수 있다는 사실을 되새기겠습니다.

제 아이들이 훌륭하면, 진로 또한 잘 선택할 것이라는 믿음이 중요하다는 말씀을 다시 한번 마음에 새깁니다. 아이들이 아니라 제 인생을 걱정하고 살아야겠어요. 그러려면 아이들에게서 '주도권'을 뺏지 않도록 노력하는 게 가장 중요하다는 거 명심해봅니다.

아이가 잘하면서 좋아하는 일은 무엇일지 함께 고민해보겠습니다. 무엇보다 중요한 것은 아이의 인성이고, 고생도 실패도 해봐야 한다는 것을 느꼈습니다. 능력주의, 학벌주의, 엘리트주의를 극복하고 아이를 진심으로 믿고 응원하겠습니다.

아이 표정을 보지 않은 상태에서 일어나는 부모 마음은 결코 진심이 아닙니다. 아이 미래를 위협하는 불안감을 마음 챙김을 통해 알아차리고 아이 표정에서 진심을 느끼기 위해 노력해야 합니다.

Q 학부모___ 하고 싶은 일, 좋아하는 일을 진로로 결정하는 건 너무 이상적이지 않나요? 하고 싶은 일이지만 안정적이지 않은 직업이라면 불안함을 어떻게 이겨낼 수 있을까요? 아이에게 하고 싶은 일을 하라고 말하고 싶지만 어려워요.

A 박재원___ 하고 싶지 않은 일인데 안정적이란 이유로 도전했다가 실패한 경우와 하고 싶은 일을 하다가 실패한 경우를 비교해볼까요? 과연 어느 쪽이 좌절할 확률이 높을까요? 제가 현실에서 확인한 사실은 하고 싶은 일에 도전하고 노력하는 과정에서, 즉 실패하지 않기 위해 노력하는 과정에서 사람이 많이 성장한다는 점입니다. 반면 하고 싶지 않은 일이지만 치열한 경쟁을 뚫으려면 엄청난 노력이 필요한데 마음대로 되지 않아 자괴감에 빠지고 소진되다가 결국 실패해 의욕을 잃어버리면 어떻게 될까요?

인생이 말처럼 쉽지 않지요. 언어의 함정에서 빠져나와야 합니다. '안정적인 직업'이라는 것은 그 일을 하고 싶은 사람에게만 해당합니다. 하고 싶지 않은데 안정적이기 때문에 도전한다는 말은 억지입니다.

이렇게 분류할 수 있겠네요. 안정적인 직업이 좋아하는 일이라 성공하는 경우, 불안정한 직업이지만 좋아하는 일이라 노력해서 성공하는 경우와 실패하는 경우, 좋아하지 않는 일이지만 안정적이라 도전해서 성공하는 경우와 실패하는 경우. 많은 부모가 싫어하는 일이라도 안정적이라면 무조건 도전해서 성공하기를 바라겠지요. 거듭 말씀드리지만 그게 쉬운 일일까요?

제가 가장 우려하는 것은 안정적이라 생각해 도전했는데 실패하는 경우입니다. 좋아하는 일이라 도전했지만 실패한 경우와 안정적이란 이유로 도전했지만 실패한 경우를 비교해보면 제가 왜 좋아하는 일이 절대기준이 되어야 한다고 주장하는지 이해하실 수 있을 겁니다.

그 진로를 선택하기 싫다는 아이를 붙잡고 설득하며 애쓰는 것과 아이가 하고 싶은 일을 하면 반드시 성공한다는 믿음을 갖기 위해 노력하는 것, 어느 쪽이 아이 미래에 도움되는 부모 역할일까요?

Q 학부모____ 초등학교 3학년부터 야구를 하던 아이가 체육특기생으로 집에서도 먼 중학교로 입학해 야구를 계속했는데 더는 못 하겠다며 그만두고 전학을 가고 싶다고 했어요. 결국 중3이 되면서 집 근처로 전학했습니다. 그냥 하기 싫다고만 하는데 별별 생각이 들었어요. 그런데 어느 날 뜬금없이 이러더라고요. "해도 해도 안 돼서 그만하고 싶었어." 긴 시간 한곳만 보던 아이를 어떻게 도와줘야 할까요?

A 박재원____ 먼저 아이 마음을 헤아려볼 필요가 있지 않을까요? 뚜렷한 이유도 없이 중간에 포기한 아이를 볼 때 부모 마음은 부정적으로 변할 수 있습니다. 너무 오랜 시간을 낭비한 것 같아 초조한 마음일 겁니다. 그렇게 쉽게 포기하면 앞으로 험난한 세상을 어찌 살아갈지 불안할 겁니다. 결국 공부를 다시 시작해야 하는데 제대로 따라갈 수 있을지 걱정이

앞서겠지요. 그런데 한번 생각해보세요. 아이가 그런 부모 마음을 느끼면 어떨까요? 그렇지 않아도 미안한 마음에 이중삼중으로 부담을 느낀다면 과연 위기 상황을 헤쳐나가는 데 필요한 의욕을 낼 수 있을까요?

달리 생각해볼 필요가 있습니다. 아이는 인생에서 가장 소중한 경험을 한 겁니다. 시간을 낭비한 것이 아니라 자신에게 맞지 않는 길이 무엇인지 분명히 확인하게 된 겁니다. 막연한 꿈과 희망이 아니라 절박한 현실에서 자신이 어떤 길을 가야 하는지 고민하고 모색하기 시작한 겁니다.

또한 다른 인생 진로를 성공적으로 열기 위해서 더 많은 노력이 필요하다는 생각을 절실하게 했을 겁니다. 하지만 자신이 과연 잘할 수 있을까 몹시 걱정하고 있을 겁니다. 자신의 선택이 올바른 것인지 믿고 싶지만 많이 불안할 겁니다. 마음에 들지 않는 아이 모습이 눈에 들어올 수도 있지만 후회하고 고심하는 아이 마음에 공감해주는 게 부모 역할일 겁니다.

고뇌하는 아이 마음에 접속한 부모는 진심으로 아이를 위로하고 싶을 겁니다. 당장 무엇을 어떻게 할 것인지를 고민하기보다 아이 마음에 다시 희망이 깃들 수 있도록 존중하고 배려할 겁니다. "지금 새롭게 다른 무언가를 시작하더라도 늦지 않았어"라는 말로 자신감이 생길 수 있도록 지지할 겁니다.

실수와 실패 그리고 방황은 인생의 동반자이지요. 좌절하지 않고 어떻게 배움과 성장의 기회로 삼아 힘을 내느냐의 문제입니다. 회복탄력성은 포기하고 싶은 순간에 손을 잡아주고 힘이 되어주는 사람이 옆에 있을 때 누구나 발휘할 수 있는 잠재력입니다. 아이 마음을 알아차리는 것부터 시작해보십시오. 미래를 걱정하는 마음이 점차 사라지는 걸 경험하게 될 것입니다.

Q 학부모___ 소장님이 말씀하신 사례 중, 의사가 되고 싶은 아이와 부모의 생각이 달라서 그 직업을 미리 경험하는 방법으로 판단할 수 있게 해준 사례를 보면서 우리 아이가 생각났어요. 우리 부부도 아이와 진로에 대한 생각이 다르거든요. 공동체가 존재하지 않는 도시에서 사는 평범한 아이라서 그 직업을 경험해볼 기회가 흔치 않아요. 진로를 찾는 다른 방법이 있을까요?

A 박재원___ 우선 부모의 학창시절부터 떠올려 보십시오. 수업 시간과 교실을 떠나서는 많은 추억이 있겠지만 공식적인 학교생활은 시험을 위한 수업과 시험공부, 성적 관련 기억이 대부분일 겁니다. '체험학습'이라는 말이 나온 것도 그리 오래되지 않았습니다.

지금 아이들이 다니는 학교의 교육과정은 매우 다채롭습니다. 과거에는 아이 진로와 관련해 학교가 해주는 것이 거의 없었다면 지금은 학교생활을 통해 의미 있는 경험을 충분히 할 수 있습니다. 부모가 따로 노력할 필요가 그리 크지 않다고 판단합니다. 오히려 문제는 학교에서 제공하는 경험의 기회는 충분한데 질이 떨어진다는 데 있습니다.

일단 부모가 많은 기대를 하지 않는 것이 문제이고, 아이들도 당장 시험이나 성적과 관련된 것이 아니면 관심을 갖지 않습니다. 우리나라 교육과정은 매우 충실하고 훌륭합니다. 물론 학교마다, 교사에 따라 얼마나 제대로 운영되는지 편차가 있지만 아이들의 성장·발달에 부족하지 않다고 봅니다.

먼저 부모가 학교에서 어떤 기회를 제공하는지, 학교의 교육과정을 알아보실 필요가 있습니다. 학기 초마다 학교에서 나눠주는 '학교운영계획'을 정독하면 좋습니다. 그리고 아이의 교과서도 찬찬히 살펴보십시오.

아이가 학교생활을 하면서 관심 갖는 것에 주의를 기울이다 보면 부모로서 해야 할 역할이 잘 보일 겁니다. 아이의 관심이 충족되고 발전할 수 있도록 도와주는 것이 핵심입니다. 어떤 정보를 찾아야 하는지, 어떤 책이 도움이 될지, 어떤 체험이 의미가 있을지, 어떤 사람을 만나볼 필요가 있을지 등등을 막연히 생각하지 마세요. 아이와 학교생활에 대한 이야기를 나누면서 구체적으로 하나하나 찾아가는 것이 바람직합니다. 따로 기회를 만들기 위해 노력하기보다 아이의 학교생활을 충분히 활용하는 것이 훨씬 효과적입니다.

특히 중학교의 자유학기제는 중요합니다. 시험의 압박에서 벗어나 다양한 체험의 기회가 주어집니다. 체험에서 그치는 것이 아니라 그 과정에서 일어난 관심 하나하나를 소중하게 생각하고 발전시키기 위해 노력하면 부모의 걱정이 해결될 겁니다. 자유학기제를 입시 준비 목적으로 잘못 사용하면, 당장 선행학습 진도는 조금 더 나가겠지만 인생살이에 꼭 필요한 자신과 세상을 탐색할 기회를 놓칠 수 있습니다. 결과적으로 득보다 실이 훨씬 크다는 사실을 모르는 부모들이 많아 안타깝습니다.

3부

입학사정관이 되어
생각해보는 진학

연말이 다가오면 유명학원과 사교육 업체, 공기관에서 앞다투어 입시 설명회를 엽니다. 코로나 시기에도 줌(ZOOM)으로 각종 설명회가 범람하고 있죠. 혹시 설명회 현장에 가보셨나요? 전문가들의 강연을 듣고 어떤 기분이 드셨나요? 저도 부모로서 몇 번 참여해본 적 있습니다. 교육전문가로서, 부모로서 설명회에 갈 때마다 느끼는 게 있습니다. 부모와 자녀가 입시 정보에 대해 셀프 스터디가 되어 있어야 정확한 정보를 선택할 수 있다는 것이죠.

오늘날 아이를 키우면서 불안하지 않은 부모가 얼마나 될까요? '중위권 붕괴'니 '학력 저하'니 각종 입시와 관련한 부정적인 뉴스를 볼 때마다 마음이 조급해집니다. 더군다나 코로나 시기에 본의 아니게 부모와 아이가 격리된 일상생활에 놓이면서 불안은 더 증가하고 있습니다. 따라서 부모 자신의 마음 챙김이 그 어느 때보다 중요해졌습니다.

자녀 공부와 미래에 불안한 마음이 들 때 스스로에게 이렇게 물어보길 권합니다.

'과연 대학 진학이 아이 인생을 크게 좌우하는 문제일까?'

이에 대한 근본적인 고민도 부모가 아니라 자녀에게 맞춰져야 합니다.

저는 예전부터 독일 교육이 참 부러웠습니다. 지금도 그렇습니다. 여전히 우리에게 먼 나라 이야기일 뿐인지 자괴감이 들 때가 많습니다. 독일은 우리나라 나이로 초등학교 3~4학년이 되면 대학에 가서 공부를 더 할 것인지, 진로를 택해 일할 것인지 결정한다고 합니다. 대학이냐, 직업이냐가 자신의 진로에 있어 목표가 아닌 과정이라는 의미입니다. 대학에 못 가는 게 아니고 안 가는 것입니다. 타인의 편견이나 선입견 없이 어린 나이부터 주도적으로 즐겁고 흥미롭게 미래를 그릴 수 있습니다.

반면 우리나라 현실은 어떤가요? 대한민국에서 고등학생으로 살아가는 대다수 학생이 거쳐야 하는 '입시'라는 관문이 지독한 성장통이 되고 있습니다. 왜 대학입시가 인생에서 큰 획을 담당하는 걸까요?

나아갈 진(進), 길 로(路). 이 책을 읽으시는 부모님은 아이들에게 그런 가능성을 열어주는 부모인가요? 잘못된 정보에 오늘도 마구 흔들리고 있지 않은지요? 옆집 엄마의 정보에, 여기저기 쏟아지는 정보에 귀가 팔랑팔랑하지는 않으신지요?

'정보 사고'에 부모와 아이 모두 피해자가 되지 않고, 우리 아이에게 유리한 입시의 길은 어떻게 열어줄 수 있는지 제가 3장에서 알려드리겠습니다.

정보 사고의
피해자가 되지 않으려면

지금은 정보의 홍수에 빠져 죽을 만큼 정보과다 시대입니다. 일명
TMI(Too Much Information) 시대라 하죠. 불확실성의 시대도 한몫합니
다. 그러다 보니 의료사고 못지않게 입시 현장에서 '정보 사고'도 심
각합니다. 부모가 알고 있는 입시정보는 대부분 틀렸다고 해도 과언
이 아닙니다. '정보 사고'가 뭐냐고요? 가짜뉴스처럼 입시와 관련해
잘못된 정보 때문에 피해를 보는 경우입니다. 정보 사고와 의료사고
의 공통점은 피해 당사자에게 치명상을 준다는 점입니다. 의료사고
가 건강과 생명에 치명상을 준다면 '정보 사고'는 개인의 성장과 발
전에 치명상을 줍니다.

그러나 이런 정보 사고는 부모가 정신을 바짝 차리면 충분히 예방
할 수 있습니다. 실제 입시 논리와 학원에서 말하는 논리는 입장이
전혀 다릅니다. 다른 정도가 사실 많이 심각합니다. 다소 과격하게 들

릴 수 있지만, 저는 대학입시에 대해 가짜정보를 퍼뜨리는 사람들에게 나라에서 제도적으로 벌을 주어야 한다고 생각합니다. 한 아이의 미래를 책임질 수 없는 말이라면 범죄행위에 가깝습니다.

'정보 사고'의 실제 피해 경우를 생각해봅니다. 한껏 욕심을 부추기는 입시 컨설팅 때문에 기대에 잔뜩 부풀었지만 결국 원하는 대학진학에 실패한 수험생이 감내해야 하는 방황과 좌절, 그 모습을 지켜봐야 하는 부모의 감정노동과 깊은 실망감 들을 생각하면 화가 치밉니다.

아이의 경쟁심리를 자극하기보다 자신의 적성을 찾아가면서 재능을 발휘할 수 있는 길로 안내했다면, 시간을 갖고 아이가 주인공이 될 수 있는 진로를 생각하도록 도와주고, 그를 중심으로 진학 지도를 했다면 분명 부모와 아이의 삶이 행복하고 풍요롭게 달라질 텐데 말입니다.

입학사정관이 되어 생각해보기

여러분 '입시'에 대해서 얼마나 아시나요? 소중한 우리 아이가 '정보 사고'의 피해자가 되지 말란 법은 없습니다. 어떻게 해야 사교육 입시 컨설턴트의 유혹으로부터 내 아이의 권리를 지키고, 나아가 아이에게 유리한 입시 경로를 찾을 수 있을까요?

입시에 대해 얼마만큼 알고 있느냐는 질문에 선뜻 답이 안 나오네요. 입시를 준비하려면 이렇게 사교육을 해야 한다는 선배 엄마들의 이야기를 들을 때마다 우리 아이에게 적합하지는 않다고 생각했거든요. 하지만 혼자 다른 길을 선택하기가 두렵고, 제가 선택한 길에 대한 자신감이 없어요. 남들도 다 이렇게 한다는 말에 휘둘려 진학을 생각해왔던 것 같아요. 그런데 사실 우리나라 입시 준비 너무 어렵지 않나요? 자주 변하잖아요. 좋은 의미로 '다양성'이지, 내 아이에게 적용하는 일은 정말 어려워요.

제 아이 입시 문제와 관련해서는 늘 딜레마에 빠져요. 현재 대한민국 입시 체제에서는 수시와 정시 끝까지 다 붙잡아야 한다고 얘기하잖아요. 현실적으로 한 마리도 제대로 잡기 힘든데 말이죠. 이제 중학생이 되는 아이가 덜 힘들도록 입시를 준비하고 싶은데, 두 마리 중 어떤 걸 과감히 놓아야 하는지 모르겠어요. 그렇다고 두 마리 모두 잡는 건 아이에게 버거운 일인 것 같아 고민입니다. 그냥 입시만 원망스럽네요. 왜 이렇게 복잡한지요.

입시에서 가장 중요한 건 아이 생각인데 아이에게 맡기기보다는 전문가한테 맡겨야 험난한 입시전쟁에서 살아남을 수 있다고 생각했던 것 같아요. 입시뿐만 아니라 아이 공부법이나 진로에 대해서도 학원 선생님이나 전문가와 아이 의견 사이에서 제 나름대로 적절한 중심을 잡으려고 노력하고 있는데 쉽지 않더라고요. 때론 중심을 잘 잡는다는 것도 명확히 어떤 것인지 잘 모르겠고요.

그렇습니다. 수많은 정보 중 어떤 것이 내 아이에게 맞는 정보인지 어느 부모님이 확신할 수 있을까요? 그렇다면 제가 여기서 입시정보가 어떻게 왜곡되는지부터 알려드리겠습니다. 아래 다섯 학생의 교과 세부능력 특기사항에 대한 기록을 한번 보십시오. 실제 학생부에서 가져온 것인데 개인정보라서 내용은 흐릿하게 처리했습니다.

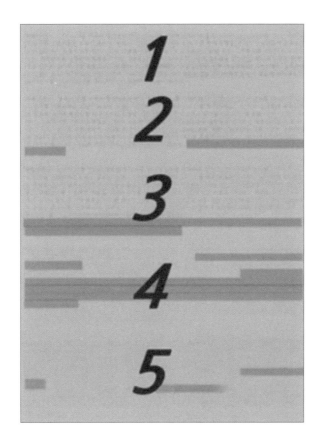

　1번 학생과 2번 학생의 기록에서 다른 내용을 밑줄 그어 표시했습니다. 1번 학생과 3번 학생, 그리고 4번, 5번 학생의 기록을 비교하여 다른 내용은 밑줄 그어 표시했습니다. 이게 바로 말도 많고 탈도 많은 '컨트롤+C, 컨트롤+V'의 전형입니다. 교사들이 학생 한 명씩 정성껏 평가해주는 것이 아니라 복사해서 붙여넣는 겁니다.

물론 100퍼센트 이렇다고 말씀드리는 건 절대 아닙니다. 1번과 2번의 차이가 보이시나요. '컨트롤+C, 컨트롤+V'를 했는데 밑줄 그은 만큼 조금 2번과 3번도 비교해 보니 다른 부분이 있지요. 1번과 4번을 비교해 보면 어떤가요? 많이 다릅니다. 1번과 5번은 조금 차이가 있습니다.

그렇다면 이제 '컨트롤+C, 컨트롤+V'의 문제점을 확인해볼까요? 만약 1, 2, 3, 4, 5번의 기록이 모두 같다면 심각한 문제가 아닐 수 없습니다. 공교육 교사의 기록을 믿을 수 없다는 세간의 지적이 사실로 입증되는 것이겠죠. 동시에 학교 기록은 믿을 게 없으니 자신들의 컨설팅에 희망을 걸어야 한다는 사교육의 시장 논리가 설득력을 얻게 됩니다. 여론에서 뭇매를 맞은 '컨트롤+C, 컨트롤+V'는 분명 사실로 확인됩니다.

하지만 그게 100퍼센트가 아니라면, 학생 사이의 차이가 분명히 확인된다면 입시자료로 활용하는 데 별다른 문제가 없지 않나요? 같은 수업을 들은 학생들이기에 공통적으로 적용되는 내용은 '컨트롤+C, 컨트롤+V'로 표현되고, 수업 태도나 성취 수준의 개인별 차이는 따로 기록하는 것이 더 합리적이라는 생각이 듭니다.

만약 여러분이 입학사정관이라면 위의 다섯 명 중에서 한 명을 뽑을 때 몇 번을 고르시겠습니까? 당연히 4번 학생을 선택하지 않겠습니까? 다른 학생들과 비교되는 장점이 분명하게 보이기 때문이지요. 이렇게 진행하는 것이 실제 입시입니다. 세간에 떠도는 입시정보는 대부분 가짜뉴스에 가깝습니다. 선발권을 행사하는 입학사정관들의

중위권 학부모를 위한 공부·진로·진학

판단을 중요하게 생각해야 합니다. 수많은 생기부 중 입학사정관들의 눈에 띄는 기록이 있습니다. 즉 아이들의 특징이 있습니다. 학생들의 학교생활은 모두 다를 수밖에 없고, 그런 차이는 기록에서 확인할 수 있습니다. 이런 사실에도 불구하고 수십조 원의 시장으로 이루어진 우리나라의 입시 현장에서는 여러 이해관계자에 의해 심각한 정보 왜곡이 일어납니다. 자기 이익을 위해 입시정보를 조작하는 경우도 드물지 않습니다.

대표적인 사교육 시장 논리가 학교를 믿을 수 없다는 겁니다. 달리 말하면 자신들을 믿어야 입시에서 성공할 수 있다는 건데 '컨트롤+C, 컨트롤+V' 때문에 차별화가 안 된다고 주장합니다. 그러면서 자신들이 개입할 수 없는 학교 기록, 세부능력 특기사항보다는 개입하기 쉬운 다양한 비교과 영역의 중요성을 강조합니다. 실제 입시와는 거리가 먼 정보 왜곡을 퍼뜨리는 것입니다. 입시에서 중요한 것은 '세특'인데 그보다 훨씬 덜 중요한 비교과 활동에 목매게 만드는 것이지요. 이런 문제를 예방하기 위해 2024학년도부터는 대부분의 비교과 내용을 학생부에 기록할 수 없게 됩니다.

봉사활동에 대한 왜곡

이번에는 봉사활동에 대해 생각해보겠습니다. 아래는 어떤 부모님의 질문입니다.

학종 준비 중인 고딩맘입니다. 봉사 시간이 어느 정도 되어야 안정권인지, 그리고 자신의 진로와 연관된 봉사만 해야 되는지, 봉사 시간이 많을수록 대입에 유리한지 궁금합니다.

여러분도 궁금하십니까? 예전과 달리 입시에서도 봉사활동이 중요해졌다고 얘기합니다. 부모가 입시에서 조금이라도 유리해질 수 있다는 판단에 따라 깊이 관여하기도 합니다. 지금은 사실상 불가능해졌지만 봉사활동 실적을 가장 쉽게 조작할 수 있었기 때문입니다.

　　봉사조차 입시에 당락을 좌지우지한다는 게 참 씁쓸해요. 형식에 맞춘 봉사활동일 뿐이죠. 시간을 채우기 위한 활동, 마음에 없는 활동이죠. 문득 아이가 초등학생일 때 경험했던 녹색 어머니 봉사가 생각나네요. 저희 아이 때만 해도 녹색 어머니 봉사는 부모가 해야 하는 의무가 아니라 자원해서 하는 '봉사'였어요. 그런데 지금은 전교 부모가 의무적으로 해야 해서 돈 주고 대신할 아르바이트를 구한다고 하네요. 봉사가 아닌 거죠. 씁쓸했어요. 이것도 같은 맥락인 것 같아요. 안타까워요. 이게 무슨 의미가 있는 거죠? 더군다나 앞으로 미래를 살아가는 우리 아이들한테 좋은 본이 될까요? 자신이 생각하는 진로에 대한 관심과 애정으로 봉사를 한다면 누가 뭐라 하겠어요.

　　개인적으로는 이런 요식행위 같은 건 없어졌으면 합니다. 설사 있더라도 필요한 경우, 해당사항이 있는 경우, 평가대상이 되어야 하는 경우를 거를 수 있는 장치가 있었으면 좋겠어요. 그래서 마냥 시간 아까운 우리 아이들이 가산점을 위해서 의미 없는 시간을 보내게 하지 않았으면 좋겠어요.

🧑 봉사활동만이 아니라 입시와 관련한 모든 준비가 같은 문제점을 안고 있어요. 아이에 대한 모든 일정과 상황의 주도권이 엄마에게 있다는 생각이 드는데요. 그러다 보면 결국 이런 입시에 대한 잘못된 정보와 왜곡이 철저히 '만들어지는 아이'를 양산하게 되죠. 중2병보다 무섭다는 대2병에 시달리는 아이의 시발점이 되는 게 아닌가 하는 생각도 듭니다. 구조적인 문제 같지만 엄마의 소신도 더없이 중요하다고 생각돼요.

정말 안타까운 현실입니다. 그렇기에 위 어머니의 질문은 질문 자체가 잘못되었다고 생각합니다. 부모 스스로 '정보 사고'를 예방하는 역량을 기르는 차원에서 입시 인문학적인 설명을 해보겠습니다.

첫째, 안정권인 봉사 시간 같은 건 없습니다. 봉사는 정량평가의 대상일까요, 정성평가일까요? 이걸 따져봐야 합니다. 정량평가는 주로 숫자를 활용합니다. 예를 들면 봉사활동 시간 200시간까지 만점, 190시간까지는 마이너스 5점, 이렇게 하는 겁니다. 하지만 지금은 대학 공동체에 얼마나 기여할 수 있는지를 확인하기 위한 목적으로 봉사활동을 활용한다고 봐야 합니다. 평소 봉사활동에 어떤 생각을 가졌으며, 사회적인 관심의 정도와 이타적인 활동에 얼마나 참여했는지 등을 살펴보는 겁니다. 숫자로 표현하기 어려운 측면을 확인하는 것으로 정성평가의 영역입니다. 따라서 봉사 시간이 얼마나 되어야 안정권인지 하는 기준이 있을 리 없습니다. 질문 자체가 잘못되었습니다.

둘째, 말 그대로 **합산방식**과 **종합평가**의 차이에 대해 이해해야 합니다. 단순 합산과 종합평가라는 게 있습니다. 학생부 합산방식이라고 안 하죠? '학생부 종합평가'라고 하는 이유가 있지 않을까요? 예를 들어보겠습니다. 어떤 학생은 봉사 시간이 충분합니다. 그런데 알고 보니 대학진학을 의식해서 억지로 만든 스펙이었습니다. 대학에서 평가할 만한 가치가 없는 쓸모없는 기록일 따름입니다. 그런데 어떤 학생은 봉사 시간 기록이 전혀 없어요. 하지만 학생의 삶을 종합적으로 평가해보니, 대학에서 필요로 하는 학생의 가치가 보이는 거죠. 예를 들어 어떤 학생은 어려운 가정형편에서 일 나가는 부모를 대신해 연로한 할머니 수발을 오랫동안 들고 있었던 겁니다. 일종의 자기 가족을 위한 봉사활동이라고 볼 수 있는데 인정이 안 됩니다. 인증된 기관에서 한 봉사활동만 인정되죠. 하지만 봉사 시간 기록은 없지만 작은 공동체인 가정에서 그 학생이 보여준 모습을 통해 대학 공동체에서도 필요한 자질을 발견하는 일은 어렵지 않습니다. 예전 입시에서 많이 사용했던 합산방식은 교과 70%, 비교과 30% 같은 식으로 정량적인 기준을 정하고, 또 비교과 30% 중에서 봉사활동은 몇 %로 정합니다. 그런 다음, 앞에서 본 것처럼 봉사활동 기준 시간에 맞게 점수를 부여하여 활용했습니다. 한마디로 사람보다는 스펙을 봤다고 할 수 있겠네요. 하지만 지금은 대학에서 자신들의 이해관계에 도움이 되는 사람을 뽑으려고 합니다. 스펙은 참고사항일 뿐이며, 한 사람의 가치를 종합적으로 평가합니다.

진로와 관련된 봉사활동 바로 알기

정리해보겠습니다. 어려서부터 봉사하는 삶을 배우고 실천한 학생이라면 당연히 대학에서 반기겠지요. 대학 공동체에 기여할 거라고 충분히 예측되기 때문입니다. 대학입시에서 봉사활동이 필요하다는 얘기를 듣고 봉사활동을 시작한 학생도 있습니다. 처음에는 자발적이지 않았지만 봉사활동을 하면서 자신의 삶에 중요한 영향을 미치는 경험을 했다면 그 부분도 대학에서 인정받을 만한 가치가 있겠지요. 스펙을 만들기 위해 시작한 봉사활동이지만 그 과정에서 삶의 스토리로 이어졌다면 분명 대학 생활에서도 그 부분이 드러날 것으로 예측할 수 있기 때문입니다.

하지만 스펙 만들기에 그친 경우라면, 억지로 봉사활동 시간을 채운 경우라면 오히려 대학에서 부정적으로 평가할 가능성이 높지 않을까요? 겉과 속이 다른 행위라고도 볼 수 있습니다. 요즘 학생들의 이기적인 태도나 성향 때문에 대학 공동체에 많은 어려움과 문제가 생긴다고 합니다. 이런 대학의 사정까지 고려할 때 비로소 대학입시의 진실을 볼 수 있습니다.

한쪽에서는 봉사활동 시간을 쌓으면 유리해진다고 현혹합니다. 하지만 칼자루를 쥔 대학에서는 쓸데없는 짓이라고 말합니다. 혼란스럽겠지만 입학사정관이 되어 생각해보십시오. 어려서부터 봉사정신을 길러온 경우와 뒤늦게 봉사정신을 배운 경우, 그리고 봉사정신은 뒷전이고 봉사 시간만 채운 경우를 구분하는 것이 어려울까요?

입학사정관이 하는 역할이 바로 옥석을 가리는 일입니다. 일부 혼동할 수는 있겠지만 입학사정관을 속이는 게 과연 쉬울까요? 그렇게 가능성도 희박한 비정상적인 입시를 준비해서는 안 되겠지요.

정말 안타깝게도 아무짝에도 쓸모없는 봉사활동에 수험생의 소중한 시간과 노력을 낭비하는 경우가 즐비합니다. 교과 성적이나 '세특'처럼 자신들이 손을 댈 수 없는 요소들은 뒷전으로 밀어놓고 대학에서 도저히 인정할 수 없는 봉사활동을 하도록 만든 사람은 분명 죄를 짓고 있는 것입니다.

또한 봉사와 같은 비교과 활동은 모든 전형에 필요한 것이 아니라는 사실도 기억하십시오. 비교과 활동은 활동 자체를 보는 것이 결코 아닙니다. 그런 다양한 활동을 통해 학생이 얼마나 배우고 성장했는지, 활동을 통해 확인할 수 있는 학생의 진면목을 보려는 것입니다. 바로 정성평가를 실시하는 학생부 종합전형에서 주로 활용되는 입시 자료입니다. 정량적인 요소인 학교 교과 성적을 중심으로 평가하는 수시 교과 전형, 국가고사인 수능 성적을 활용하는 정시, 그리고 대학별 고사 성적을 활용하는 수시 논술 전형의 경우에 비교과활동은 대부분 반영되지 않습니다.

그래서 3장의 서두에 너무 많은 입시정보가 과연 내 아이에게 맞는지 잘 봐야 한다고 강조했던 것입니다. 그 판단이 우리 아이를 '정보 사고'에 무방비로 노출되는 것을 막아주기 때문입니다.

다시 처음으로 돌아가 진로와 관련된 봉사활동을 해야 하는지 묻는 질문에 확실한 답을 해보겠습니다. 저는 '학종'을 두 가지 타입으로 구분합니다. A타입은 학생이 선택한 전공과 관련하여 대학에 얼마나 기여할 수 있는가를 확인하는 경우라고 하겠습니다. B타입은 대학이라는 공동체에 얼마나 기여할 수 있는지를 평가하는 경우로 리더십, 봉사정신 같은 것들이 중요한 요소가 되겠지요. 예를 들어 국어국문학과를 지망한 순수한 감수성을 가진 학생이 A타입이라면, 교수님들을 진심으로 존경하고 국어국문학과의 화합과 단체활동에 기여할 수 있는 학생은 B타입이라고 할 수 있습니다. A타입과 B타입에 모두 강하다면 물론 좋겠지만 굳이 그럴 필요 없습니다. 둘 중 하나라도 제대로 인정받을 수 있는 장점이 있다면 충분하기 때문입니다.

제 답은 "봉사활동과 진로는 굳이 연계하지 않아도 된다"입니다. 몇 년 전, 우리나라 대표적인 입시전문가를 인터뷰할 때 들었던 이야기가 생각납니다. "대학생활에서 헌신성을 실천할 학생이라면 당연히 모셔가야죠!"

요즘 학생들의 이기적인 태도나 성향 때문에 대학 공동체에 많은 어려움과 문제가 생긴다고 합니다. 이런 대학의 사정까지 고려할 때 비로소 대학입시의 진실을 볼 수 있습니다.

내신 4등급,
명문대에 합격한 이유

속이 꽉 찬 과실을 수확하려는 농부의 마음이나 대학의 마음이나 같습니다. 대학도 학생을 선발하는 데 있어 껍데기가 아니라 알맹이를 보려고 부단히 노력한다는 말입니다. 입학사정관이라는 전문 직종을 만든 이유도 그와 같죠. 흔히 말하는 것처럼 겉으로 보이는 학생부의 두께, 출신학교, 스펙 같은 것을 기준으로 학생을 선발한다면 굳이 입학사정관이 필요 없지 않을까요? 입학사정관의 이야기를 들어보면 신입생 선발의 체계성, 전문성이 계속 진화하고 있다는 생각이 듭니다. 물론 사람이 하는 일이라 완벽함을 기대할 수 없지만요.

'**횡단평가**'라는 용어를 들어보셨나요? 예를 들어 어떤 학생의 봉사활동 기록이 누가 봐도 대단하다고 가정해봅시다. 분명 학생부 기록으로 입증됩니다. 앞에서 지적한 것처럼 자발적인 봉사기록이 아니라 입시용으로 억지로 만든 스펙이라도 마땅히 구분할 방법이 없는 것처럼 보입니다. 하지만 '횡단평가'를 통해 학생부의 다른 영역에서 연관 기록을 확인하면 상황이 달라집니다. 봉사 정신이 있는 학생이라면 당연히 봉사활동뿐 아니라 다른 학교생활에서도 남다른 모습을 보였을 겁니다. 그리고 학생부 어딘가에 기록으로 남아있겠지요. 예를 들어 공부에 어려움을 겪는 친구를 도왔다는 식의 기록이 남아있을 확률이 높지 않을까요? 학생부의 '행동특성 및 종합의견'에는 봉사정신의 흔적이 보이지 않는데 봉사활동 기록만 풍성한 경우를 입학사정관들은 어떻게 해석할까요?

아래는 인터넷에서 본 입시 관련 기사의 댓글입니다.

> 선생님이 A4 용지로(학생부를) 수십 장 써주면 학생이 서울대를 간다고? 반대로 시골학교 선생님이 저렇게 못 써주면 시골 학생은 서울대 못 간다는 거잖아. 이게 나라냐? 선생님이 학생부 잘 써주고 학교 내 독서회 등등 커리큘럼이 많아야 학생이 대학 간다? 진짜 미쳤다. 그럼 그런 거 없는 평범한 학생은? 뭐 이런 * 같은 나라가 다 있지? 기회의 평등? * * 하고 있네.

이런 얘기를 들은 수험생과 부모가 어떤 심정일지 생각하면 참 안타깝습니다. 하지만 진실과 거짓은 마땅히 구분해야 하므로 하나하나 잘못된 부분을 짚어보겠습니다. 엉뚱한 소문에 휩쓸려 억울한 대학입시가 되지 않도록 해야 하기 때문입니다.

5가지 입시효과

먼저 우리나라의 대학입시에 영향을 미치는 변수들을 알아보겠습니다. **입시효과**라고 말할 수 있는 것은 크게 5가지가 있습니다.

첫 번째는 학교 효과입니다. 흔히 입시 명문고로 알려진 고등학교의 대학입시 실적을 보고 우리 사회는 '학교 효과'라는 것을 믿기 시작했습니다. 한때 특목고, 자사고로 시작하여 최근에는 영재고, 과학고 열풍을 낳은 배경이 바로 학교 효과에 대한 맹신이겠지요. 고등학교 입학이 대학입시의 전초전이 된 것도 (고등)학교 효과를 굳게 믿기 때문입니다.

두 번째로 교사 효과가 있습니다. 특히 학생부 종합전형이 도입되면서 교사 효과가 급부상했습니다. 수능 대비에 있어 이미 사교육 강사 효과에 거의 밀렸지만, 학생부 기록의 주체인 교사들의 영향력이 대학입시에서 커졌다는 인식이 강해지면서 학교 효과와 함께 교사 효과도 부모들이 신경 써야 하는 입시 변수가 되었습니다.

세 번째로 사교육 효과가 있습니다. 여론을 살펴본다면 공교육 효과보다 사교육 효과 쪽으로 기운 지 이미 오래입니다. 전통적인 정량평가(내신, 수능, 논술) 입시는 물론, 정성평가인 '학종'에서도 컨설팅이라는 무기를 내세운 사교육의 강세를 부정할 사람은 없을 겁니다.

중위권 학부모를 위한 공부·진로·진학

네 번째로 부모 효과가 있습니다. 부모의 경제력과 정보력이 대물림된다는 말을 흔히 합니다. 여러 통계를 통해서도 부모의 경제력과 정보력이 입시에 강력한 영향을 미치고 있다는 사실을 확인할 수 있습니다. 도시와 농촌 간 학력 격차와 함께 부모의 소득수준에 따른 학력 양극화 문제도 자주 사회적 이슈가 되고 있습니다.

마지막으로 학생 효과가 있습니다. 요즘 세태를 볼 때 학생 효과는 마치 전설이 된 것 같습니다. 학교 수업을 중심으로 열심히 예습하고 복습해서 좋은 결과를 얻었다는 학생 효과를 강조하는 인터뷰를 곧이곧대로 믿는 사람은 없는 것 같습니다. 더는 개천에서 용이 나지 않는다는 말과 함께 학생 효과는 핵심이 아니라 주변 변수로 밀려난 것 같습니다.

여기서 지역 효과는 제외했습니다. 부모들이 흔히 말하는 학군, 대표적으로 서울 강남을 선망하는 것은 '지역 효과'에 대한 믿음 때문이겠지요. 하지만 지역 효과는 그 자체가 독립적으로 작용하는 변수라기보다, 학교 효과와 사교육 효과 그리고 부모 효과가 복합적으로 작용한 결과라고 보기 때문에 제외했습니다.

그렇다면 대학은 선발 과정에서 어떤 효과를 중요한 기준으로 삼을까요? 위의 다섯 가지 효과 중에서 어떤 게 중요할까요?

저는 현실적으로 사교육 효과가 중요하다고 생각해요. 대입 준비는 너무 복잡해서 저와 아이가 알아보려고 해도 많은 상황을 이해하기 어렵고, 학교는 뛰어난 소수 학생에게 맞춰져 우리 아이처럼 평범한 아이에게 돌아올 관심이 없지 않나요? 좋은 선생님을 만나는 게 쉽지 않다는 거 경험해봐서 교사 효과도 그다지 믿음이 안 갑니다. 비용이 들더라도 우리 아이에게 집중해주는 학원만 믿어요. 어쩔 수 없는 현실이 아닌가 싶어요. 빈익빈 부익부 현상은 입시에도 처참하게 적용되는 거죠. 근본적인 대안은 없는 건지 늘 물음표예요.

저는 학교 효과가 중요하다고 생각합니다. 아이가 다니는 지금 학교는 매년 서울의 주요 대학 진학률을 공개하고 있습니다. 아무래도 실적이라 할 수 있는 구체화된 수치를 보여주기 때문에 많은 부모가 특목고를 신뢰하지 않나 싶어요. 물론 통계의 함정도 있겠지만요. 그래서 다들 자사고, 특목고, 과학고, 영재고 등에 기를 쓰고 가려고 하는 거 아닌가요? 대학 관계자들도 일반고와 특목고를 대하는 게 다르다고 들었어요. 학교별 차별을 둘 수밖에 없는 구조적인 문제라고요. 설명회 때도 학교에서 내세우는 건 진학률이잖아요.

부모 효과가 가장 중요하지 않을까요? 저희 상황에서는 최선으로 아이에게 공부를 가르치지만 강남과 비교하면 부족할 수밖에 없어요. 클수록 더 큰 비용이 필요하니 부모 효과, 부모의 경제력이 중요하지 않나 싶어요.

어머니들 말씀 다 일리가 있습니다. 그런데 정말 어머니들 이야기가 진실이라면 입시에 문제가 있는 것 아닐까요? 단도직입적으로 말씀드리면 대학은 선발과정에서는 **학생 효과**밖에 보지 않습니다. 학

생 효과만 보지, 다른 변수들은 고려하지 않는다고 판단해야 대학입
시의 진실을 볼 수 있습니다. 늘 그렇지만 상식적으로 앞뒤가 맞는
이야기가 진실에 가깝습니다.

학생 효과가 아닌 다른 효과들을 강조하거나 필요하다고 말하는
사람들에게 묻고 싶습니다.

"학교 효과, 교사 효과, 사교육 효과, 부모 효과를 입시에 반영하면
대학은 어떤 이익을 얻을 수 있을까요?"

'침소봉대(針小棒大)'라는 사자성어가 떠오릅니다. 바늘처럼 작은 일
을 몽둥이처럼 크게 부풀리면 심각한 혼란을 피할 수 없습니다. 최근
까지 매스컴에서 시끄러웠던 유명인의 자녀는 물론, 일부 사립대학
에서 끊이지 않는 입시부정 사례는 제도의 허점을 악용한 예외적인
경우입니다.

이 세상에 완벽한 제도는 없습니다. 몸통을 봐야지 꼬리에 집중하
면 그 어떤 경우에도 심하게 흔들릴 수밖에 없습니다. 우리나라 현행
대학입시 제도의 문제점을 말하려는 것이 아닙니다. 어떻게 해야 수
험생과 부모가 혼란에 빠지지 않고 주어진 여건을 활용해 효과적으
로 대학입시를 준비할 수 있는지 말씀드리려는 것입니다.

대학은 어떻게 학생들을 판단할까?

먼저 '학교 효과'를 알아보겠습니다. 거듭 말하지만, 부모가 먼저 오
염된 사교육 시장 논리에서 벗어나야 합니다. 그리고 실제 대학의 선

발 과정을 진행하는 입학사정관의 눈으로 입시를 바라봐야 합니다. 이해를 돕기 위해 예를 들어보겠습니다.

A학교에서 학생부가 수십 개 도착해 높게 쌓였어요. 학교가 학생들의 학생부 관리에 정성을 다했다는 학교 효과를 확인할 수 있습니다. 상대적으로 B학교는 열 몇 개 왔는데 두께가 반도 안 돼요. 그렇다면 쉽게 눈으로 확인할 수 있는 학교 효과 앞에서 입학사정관들은 어떻게 대처할까요? 학생부 기록이 풍성한 학교의 학생들을 학생부 기록인 빈약한 학교의 학생들에 비해 우수하다고 평가할까요? 아니면 기록은 풍년이지만 흉년일 수 있는 학생을, 기록은 흉년이지만 풍년일 수 있는 학생을 가리려고 할까요?

만약 '학교 효과'를 쉽게 가려낼 수 없다면 문제될 수 있습니다. 하지만 학생부의 분량만으로 쉽게 확인할 수 있는 상황에서 '학교 효과'라는 잡음을 피하기 위해 '학생 효과'를 최대한 확인하려는 노력은 당연한 일입니다. 물론 '학생 효과'가 분명하게 확인되지 않는다면 '학교 효과'가 가산점처럼 작용할 수 있지만, 실제 '학종'의 경쟁률을 볼 때 가능성이 희박합니다. 가장 중요한 것은 입시를 준비하면서 '학생 효과'를 입증하기 위해 노력해야지, '학교 효과'에 기대면 안 된다는 사실입니다. '교사 효과'도 별로 다르지 않습니다. '학교 효과'와 구별되는 '교사 효과'가 확인되기도 합니다. 특정 교사가 특정 학생에 대해 학생부에 좋은 기록을 해주는 경우입니다. 그런 기록을 보고 학생과 부모는 만족하겠지만 앞에서 설명한 '횡단평가'를 통해 대부분 걸러지기 마련입니다.

거듭 상식에 대해 강조하고 싶습니다. 한 아이에 대해 관계자 다수

중위권 학부모를 위한 공부·진로·진학

는 별말이 없는데 유독 한 사람만 칭찬한다면 그 칭찬을 신뢰할 수 있을까요? "전반적으로는 그 학교의 기록이 빈약한데 눈에 띄는 학생들이 있어요. 당연히 주목해서 보게 되지요!" 한 입학사정관이 이렇게 말한 것을 들은 적이 있습니다. 상식적으로 맞다면 그것이 바로 가장 진실에 가까운 입시정보입니다.

수도권 일반 고등학교의 실제 사례를 더 설명하겠습니다. 이 학교의 학생부 기록은 대부분 짧습니다. '학교 효과'와 '교사 효과'를 기대할 수 없지요. 그런데 한 학생이 명문대에 합격했습니다. 내신도 평균 4등급이었습니다. 어떤 사연이 숨어있을까요?

학교에 밴드부가 있습니다. 일종의 록 밴드입니다. 기타, 베이스, 드럼으로 구성된 밴드인데 무대에 서본 적이 없는 서러움이 있는 밴드였습니다. 자기들끼리 동아리실에서 열심히 연습하는데 한 번도 무대에 서지 못했어요. 왜냐고요? 밴드의 연주가 음악이 아니라 소음 같다는 혹평 때문이었습니다.

그 와중에 한 학생이 남다른 사명감을 느꼈습니다. '내가 졸업하기 전까지 우리 밴드를 반드시 무대에 서게 할 거야!' 자신만의 미션을 정하고 밴드의 리더를 자처하고 나섰습니다. 연습을 열심히 하지만 진척이 없자 화성학까지 공부하면서 포기하지 않고 끊임없이 음악의 완성도를 높였습니다. 남들은 대학입시 준비에 열심인 2학년 겨울방학까지 불꽃을 태웠습니다. 결국 3학년 봄 축제 때 무대에 올라간 기록이 이 학생의 학생부에 담겼습니다.

이 사례가 우리에게 말해주는 것은 무엇일까요? 대학은 자신들의 학교 운영에 도움이 되지 않는 학생을 뽑을 이유가 없습니다. 대학마다 처한 상황이 다르기에 내용은 다르겠지만 분명한 판단기준을 가지고 학생들을 평가합니다. 정량평가 입시(내신, 수능, 논술)에서 재량권을 거의 발휘할 수 없기에, '학종'에서 자신들에게 필요한 인재를 선발하기 위해 적극적으로 노력합니다.

이런 대학 입장에서 죽어있는 밴드에 생명력을 불어넣은 리더를 어떻게 평가할까요? 여러분 같으면 이런 학생을 놓치고 싶겠습니까?

마지막으로 일부 대학의 비정상적인 입시에 대해서도 아실 필요가 있습니다. 학령인구의 급격한 감소로 다수 대학교가 존폐 위기에 처해 있습니다. 굳이 그럴 이유가 없는 것 같은데 '학종'을 실시합니다. 조심스럽게 개인적인 의견을 드리자면, 이 대학들은 자신이 원하는 학생을 즉 성적은 안 되지만 '부모 효과'와 '사교육 효과'로 포장된 학생을 선발하기 위해 '학종'을 활용합니다.

"아시는 분이 그러는데요. 아이 공부시키려고 애쓸 필요 없다고 합니다. 입시 컨설팅 업체에 맡기면 알아서 대학에 보내준다고 하던데요."

중학생 자녀를 둔 한 아빠의 말입니다. 핵심은 어떤 대학이냐에 있습니다. 흔히 말하는 상위권 대학과는 거리가 먼 얘기입니다. 존립이 쉽지 않은 대학은 굳이 '학생 효과'를 신중하게 판별해서 선발할 이유가 없습니다. 오히려 '부모 효과'를 잘 살펴야 하지 않을까요? 등록금 꼬박꼬박 잘 내고 휴학이나 자퇴할 가능성이 낮은 학생들, 그저 대학 졸업장만 따면 되는 학생들을 우대할 가능성이 큽니다. 그렇게 오염된 '학종'에 관한 정보를 다른 대학에 대입하면 안 됩니다. '부모 효과'가 일부 통하는 경우와 '학생 효과' 외에는 믿어서는 안 되는 경

중위권 학부모를 위한 공부·진로·진학

우를 분명히 구분할 필요가 있습니다.

'부모 효과'와 '사교육 효과'의 그늘

여러분, '부모 효과'와 '사교육 효과'는 약이 될 수도, 독이 될 수도 있습니다.

'강남 대치동에 살면 충분한 사교육을 시켰다는 얘긴데, 부모가 그렇게 기회를 많이 줬는데 실력이 이 정도밖에 안 된다고? 열심히 하지 않았네.'

이처럼 사교육이 오히려 학생이 별로 노력하지 않은 것 같다는 판단의 근거가 될 수도 있습니다. 물론 반대의 학생도 있겠지요.

'이렇게 어려운 가정형편인데 정말 열심히 노력했으니까 이 정도까지 올 수 있었겠지?'

여러분이 입학사정관이라면 어떤 학생을 선택하시겠습니까? 사교육으로 대표되는 부모 찬스는 '학생 효과'에 긍정적으로 작용한 경우라면 당연히 약이겠지만, 오히려 '학생 효과'를 판단하는 데 부정적으로 작용하는 독이 될 수 있다는 점을 분명히 알아야 합니다.

점수를 활용하는 정량평가는 대부분 결과평가입니다. 결과만 보지 과정은 아무런 의미가 없습니다. '부모 효과', '사교육 효과' 덕분에 성적이 올랐다면 좋은 일이고, 그 결과를 활용하면 그만입니다. 하지만 '학종'은 결과보다 과정에 주목하는 선발방식입니다. 성적은 비슷한데 사교육 도움 없이 자기주도학습으로 얻은 경우와 '부모 효과'에 많이 의지한 것이 분명한 경우, 여러분은 어느 쪽을 선택하시겠습니까?

'학교 효과'에 대한 환상도 심각합니다. 분명 입시 결과를 놓고 보면 '학교 효과'와 '지역 효과'가 뚜렷하게 확인됩니다. 하지만 그런 결과가 나올 수밖에 없는 상황을 올바르게 보지 못하면 부모는 또 혼란에 빠지게 됩니다.

2022 대입 공론화 과정에 참여했을 때 일입니다. 함께 참여했던 SKY 중 한 대학의 입학처장에게 이렇게 물었습니다.

"처장님, 특히 ○○대는 특목고와 자사고 학생을 우대한다는 세간의 소문이 있는데 어떻게 생각하십니까?"

"아무래도 우수한 학생이 많이 모여 있으니까 한때 우대한 적이 있었습니다. 그런데 문제는 그런 학생들을 많이 뽑으니까 학교 캠퍼스에 자기들끼리 파벌을 만들어서 갈등을 조장하더라고요. 여러 가지 지표를 보니 나중에는 덜 뽑는 게 좋겠다는 결론이 났어요. 오히려 학교에 도움이 되기보다 피해를 끼치는 경우가 많더라고요."

정량평가 입시(내신, 수능, 논술)에서는 대학의 재량권이 없습니다. 오직 '학종'에서만 자신들이 원하는 인재를 골라서 선발할 수 있습니다. 안타깝게도 입시 비리가 터지면서 '학종'의 공정성을 의심하는 여론이 강해지고 '학종'의 본질을 흐리는 정보들이 난무하는 상황이 됐습니다. '학교 효과'와 '지역 효과'는 결코 본질이 될 수 없습니다. 대학에서 특정 학교를, 특정 지역을 우대해서 얻을 수 있는 이득이 무엇일까요? '학교 효과'와 '지역 효과'는 일종의 착시 현상일 뿐입니다.

학교와 지역 효과가 실제 입시에 반영되기 때문이 아니라 '선발 효과'와 '이사 효과'라는 본질이 낳은 하나의 현상일 따름입니다. 쉽게

중위권 학부모를 위한 공부·진로·진학

말해 스스로 입시 경쟁력을 갖춘 학생들이 대거 특정 학교와 지역으로 몰리기 때문에, 또 대학에서 '학생 효과'를 판단할 때 우수한 학생들이 많이 모여 있기 때문입니다. 결코 대학의 선발 과정에서 학교와 지역이 실제 영향력을 발휘하기 때문이 아닙니다.

부모가 입시에 접근할 때 "어떻게 하면 조금 더 유리할까?" 하며 '학생 효과'의 불리함을 다른 변수로 만회하려고 할 때 함정에 빠집니다. 당장 말 안 듣는 아이를 대신해 입시 준비를 해줄 수 없는 부모는 유혹에 약할 수밖에 없습니다. 누군가 다가와 '부모 효과', '사교육 효과'를 얘기하면 속는 셈 치고 믿어보자는, 다분히 맹목적인 심리 상태에 빠집니다.

학종 컨설팅의 허와 실

2016년 한겨레신문의 기사 〈입시컨설팅의 허와 실〉°이라는 신문 칼럼에 다음 문장이 있습니다.

자기소개서 °°는 교과 성적을 뒤집을 마법의 도구로 변질됩니다.

자기소개서만 잘 쓰면 얼마든지 교과 성적의 불리함을 극복할 수

° 〈한겨레신문〉, 2016년 9월 5일.
°° 자기소개서가 악용되는 경우를 원천봉쇄 하기 위해 교육부의 대입 공정성 강화 방안에 따라 2024학년도부터는 폐지됩니다.

있다고 주장하는 사람들이 있습니다. 입시 결과만 놓고 보면 상대적으로 교과 성적이 높은데 떨어지고 낮은데 합격하는 사례들을 확인할 수 있습니다.

이를 악용하는 사람들이 문제입니다. 학생부 종합에서 선발되는 학생은 전공과 관련된 탁월한 열정과 노력이 보이는 경우, 또 학교라는 공동체 운영에 도움이 되는 경우로 나눠볼 수 있습니다. 앞서 설명했던 4~5등급대 내신 성적만으로 '인 서울'이 어려운 학생이 스카이에 합격할 수 있는 건 대학이 그 학생을 놓치고 싶지 않은 이유가 분명했기 때문입니다.

하지만 현실에서는 안타까운 일들이 흔히 벌어집니다. 이미 받은 내신 성적만으로는 희망하는 대학에 가기 어렵고, 학원은 다니지만 수능 모의고사 성적도 비관적인 경우가 정말 많습니다. 학생의 내신 성적이 3.5 등급은 나온다고 합시다. 먹기 싫은 밥 먹는 것처럼 꾸역꾸역 공부하고 있지만 전반적으로 삶이 무기력합니다. 이 학생의 부모가 4.5등급인 학생이 서울대를 갔다는 말을 들었다면 어떤 마음이 들까요? 3.5등급인 내 아이도 희망이 있는 겁니까, 없는 겁니까? 누군가를 붙잡고 확인하고 싶지 않을까요? 그런데 때마침 "어머니 제가 책임지고 지도하겠습니다"라고 말한다면 부모 입장에서 어떻게 마다할 수 있겠습니까? 앞에서 말한 칼럼에서는 이런 경우를 '분명한 사기다'라고 규정하고 있습니다.

사교육 컨설팅을 받은 부모들은 대부분 희망에 부풉니다. 입시 전문가라면 당연히 '학종'에 적합한지 여부를 판단해야 하는데 그렇지 못한 전문가들 때문에 부모가 혼란에 빠지는 겁니다. 전문가라면 학생부를 읽어보면 전형별 유·불리를 당연히 판단할 수 있습니다. 자신의 판단에 아니라고 생각되면, "어머니, 이 친구는 학종 대상자가 아닙니다"라고 말해야 합니다. 하지만 많은 경우가 안타깝게도 "어머니 학종으로 한번 해볼까요? 제가 노력하면 될 것 같습니다" 이렇게 말합니다. 최소 한 달에 한 번 이상의 상담으로 값비싼 상담료를 받아갑니다.

부모는 아셔야 합니다. 입시 컨설팅 효과만으로 원하는 대학에 가는 경우는 드물다는 것을요. 플러스 알파를 기대할 수는 있습니다. 정량평가 입시에 불리한 학생이 학종을 준비해서 그 불리함을 만회하는 경우는 거의 없다고 봐야 합니다. 수험생 아이를 지켜보면서 답답한 마음에 아이에게 조금이라도 유리한 방법을 찾고 싶은 심정이 바로 입시 컨설팅의 함정이라는 사실을 아셔야 합니다. 유리한 방법을 찾기 위해 온갖 정보를 찾다보면 대부분 오리무중에 빠집니다. 그러면 부모로서 과연 어떤 노력을 해야 할까요?

대학에서도 학교 분위기에 어떤 영향을 끼치는 아이인지 판단하는 게 당연한 일인데 그걸 몰랐네요. 명문대에 들어간 밴드부 학생의 이야기를 들어보니 우리 아이가 진짜 하고 싶은 게 뭔지 그것부터 다시 얘기해봐야 할 것 같아요. 아이가 정말 하고 싶은 게 있다는 게 중요하죠. 아이가 자발적으로 할 수 있다는 거 그걸 독려할 수 있다면 행복할 것 같아요. 오로지 학교, 학원, 집을 쉼 없이 오가느라 취미도 특기도 제대로 해보지 못했던 거 같아 씁쓸하네요.

아이들끼리 파벌을 만든다는 것, 사실 엄마들도 겪었던 일이지요. 초등학교에 입학하니 반 모임에서 "아무개 어디 유치원 나왔어요?" 이 질문을 받았는데 그때는 그게 어떤 의미인지 몰랐다가 보이지 않는 벽이었다는 걸 곧 깨달았어요.

'어떻게 하면 조금 더 유리할까?' 소장님의 이 말씀에 너무 찔립니다. '어떻게 하면'이라는 방법을 찾느라 정작 중요한 당사자인 아이에게 방향이나 방법을 상의할 여유도, 시간도 없었어요. 어쩌다 아이가 하고 싶은 것, 배우고 싶은 것을 말할 때마다 그게 입시에 도움이 안 된다고 생각하면 "지금 그거 할 시간이 어디 있니"라고 말머리를 자르며 "나중에.", "대학 가서 다 해.", "네가 지금 그런 거 할 때야?"라고 말해주었어요. 결국 제가 했던 말들은 아이 의욕을 사라지게 하는 말들이었네요.

그렇습니다. "우리 아이가 열심히 즐겁게 할 수 있는 일이 뭘까?" 이게 핵심입니다.

'학교 효과', '교사 효과'에 연연하지 마십시오. '내 아이만 열심히 하면 대학에서 반드시 알아봐줄 거야!' 이렇게 생각해야 입시의 진실이 보이고 아이에게 맞는 입시 준비를 할 수 있습니다. 그리고 아이 또한 불필요한 요행을 바라지 않고, 오롯이 자신의 몫으로 입시를 치를 수 있는 힘을 갖게 되는 거죠.

'부모 효과', '사교육 효과'에 대한 미련을 버려야 합니다. '내 아이가 잘할 수 있으려면 열심히 해야 하는데 자발적으로 열심히 할 수 있는 걸 찾아야 해!' 이렇게 생각해야 아이 마음이 보이고 의욕적인

사교육 컨설팅을 받은 부모들은 대부분 희망에 부풉니다.

입시 전문가라면 당연히 '학종'에 적합한지

여부를 판단해야 하는데 그렇지 못한 전문가들 때문에

부모가 혼란에 빠지는 겁니다. 부모는 아셔야 합니다.

입시 컨설팅이 기반이 돼서 원하는 대학에 가는 경우는

정말 드물다는 것을요.

모습을 기대할 수 있습니다. 어떤 수단과 방법을 써서라도 원하는 대학에 보내고 말겠다는 부모 욕심은 사교육 기관의 먹잇감으로 끝날 가능성이 농후합니다. 오히려 대학에서 간절히 원하는 학생으로 성장하기 위해서는 어떤 관심과 노력이 필요한지 생각해봅시다. 전혀 다른 각도에서 부모 역할을 고민하면 아이도 덩달아 자기 인생을 열심히 준비하는 멋진 수험생의 모습을 보여줄 겁니다.

우리 아이 정량평가와 정성평가 적합성 따지기

가장 중요한 판단은 우리나라 입시의 두 줄기인 정량평가와 정성평가에 대한 적합성을 따지는 일입니다. 고등학교 생활의 결실을 정량적으로 내신이나 수능 또는 논술 성적으로 입증하는 것이 적합한지, 정량적인 성적으로는 표현하기 어려운 개인의 관심과 노력을 정성적으로 평가받는 것이 적합한지 신중하게 판단해야 합니다.

만약 학교생활에서 기울인 노력과 성취가 시험성적으로는 드러나지 않는다면 정성적인 평가인 '학종'을 선택해야 합니다. 이때 앞에서 설명한 'A타입'과 'B타입' 중 어느 쪽에 더 많은 관심을 갖게 되는지 역시 신중하게 판단해야 합니다.

입학사정관들이 제대로 평가해줄지 여전히 의심이 들 수도 있습니다. 하지만 책무성을 느끼는 입학사정관들은 "이 학생 누가 뽑았어?" 이런 얘기가 나오는 것을 두려워합니다. 혹시라도 사회적으로 문제가 되는 사건에 연루된 대학생이 나오면 당연히 추적조사를 하지 않을까 걱정하겠지요. 하지만 입학사정관 한 명이 100명, 200명을 본다면 제대로 된 평가를 할 수 있겠냐며 문제 삼는 분들도 많습니다. 모두 입시 불신을 조장하는 얘기입니다.

100명, 200명 서류 중에서 꼼꼼하게 읽어보고 싶은 경우는 얼마나 될까요? 딱 보는 순간 이 친구 볼 것도 없네, 이런 경우가 대부분이지 않을까요? 꼼꼼하게 읽으면서 정성껏 행간의 숨은 의미까지 파악하고 싶은 학생이 많지 않은 현실을 감안해서 판단해야 하지 않나요? 이것저것 쓸데없는 정보에 신경 쓰지 마세요. 중심을 잡고 방향을 정해 내 아이만 열심히 노력하면 대학에서 반드시 뽑아준다고 생각하세요. 그것이 가장 합격 확률이 높은 입시 전략입니다.

"우리 아이가 열심히 즐겁게 할 수 있는 일이 뭘까?" 이게 핵심입니다. '학교 효과', '교사 효과'에 연연하지 마십시오. '내 아이만 열심히 하면 대학에서 반드시 알아봐줄 거야!' 이렇게 생각해야 입시의 진실이 보이고 아이에게 맞는 입시를 준비할 수 있습니다.

죽음의 트라이앵글은
이제 그만

우리나라의 오락가락 입시 변천사에 강력한 영향을 미치는 사건이 두 가지 있습니다. 하나는 2002년부터 수시가 본격적으로 시행되면서 선발방식의 다양화가 이루어졌고, 다른 하나는 2007년에 지금 학생부종합전형의 전신인 입학사정관제도가 도입됨에 따라 시험성적 중심에서 흔히 말하는 비교과까지 전형요소가 대폭 확대되었다는 사실입니다.

우리나라 입시제도는 바뀔 때마다 신조어를 낳았습니다. '죽음의 트라이앵글', '오토바이 부대 등장', '스펙 쌓기', '금수저 전형', '깜깜이 전형' 등이 그것인데 내막을 들여다보면 제도 자체의 문제점에서 기인했다기보다, 사교육 시장의 개입에 따른 부작용 성격이 강하다는 사실을 알 수 있습니다. 가장 안타까운 것이 바로 '죽음의 트라이앵글'입니다.

시기	내용	부작용·문제점
1945~1953	대학별 자체 선발	대학마다 다른 입시로 학생부담↑
1954	국가 주관 연합고사	
1955~1961	대학별 단독시험제	
1962	대입 자격 국가고사제	국가고사 탈락으로 정원 미달 사태
1963	대입 예비고사 + 본고사	고액 과외 성행
1973	내신 중심 제도 병행	
1982	학력고사 체제	암기 위주 교육, '눈치 작전'
1994	대학수학능력시험(수능)	교실 붕괴 가속화
2002	수시 전형 본격화	'죽음의 트라이앵글', '오토바이 부대'
2007	입학사정관제(현 학생부종합전형)	스펙 경쟁, 금수저·깜깜이 전형

자료: 대입제도개편 공론화위원회 숙의자료집
출처 : 중앙일보

　죽음의 트라이앵글의 처음 의도는 지금 결과와 정반대였습니다. 내신과 수능 그리고 논술 중에서 하나만 열심히 하면 원하는 대학에 가는 데 유리하다는 의도였습니다. '하나만 잘하면 대학 갈 수 있다'라고 기존의 한 줄 세우기를 여러 줄로 바꿔준 겁니다.

　수능 성적을 기준으로 전국의 수험생을 한 줄로 세웠던 획일적인 입시 병폐를 개선하기 위한 노력은 처음에 박수를 받았습니다. 언론 보도도 긍정적이었습니다.

　또한 이 개선안은 부모와 학생들에게 '한 가지만 잘하면' 대학에 진학할 수 있는 길이 열리는 것으로 이해되는 경향을 보였다. 당시 개선안을 보도하는 주요 일간지의 기사 곳곳에서 그 흔적을 확인할 수 있다. '성적비중 축소, 재능중시'(경향신문, 1998년 9월 19일자), '한 분야 잘하면 대학 간다'(경향신문, 1998년 10월 20일자), '한 과목만 잘해도 대학 갈 수 있다'(조선일보, 1998년 10월 20일자), '시험 안 보고도 대학 간다'(동아일보, 2001년 11월 10일자) 등이다. 대학에서도 이 개선안을 대체로 수용하는 반응을 보였다.°

하지만 사교육 시장이 본격적으로 개입해 자신들에게 유리한 쪽으로 부모와 수험생들의 생각을 이끌어가면서 결국 죽음의 트라이앵글이 되고 맙니다.

최근 '한 가지만 잘해도 대학 간다'는 구호가 사회적인 문제가 되고 있는 이유가 학생들이 한 가지만을 잘하기 위해 노력하고 있기 때문이 아니라 오히려 입학원서를 내기 전까지는 모든 가능성에 대비해야 한다는 것으로 받아들이고 있기 때문이다.°°

한 줄 세우기에서 여러 줄 세우기로 달라진 입시는 사교육 입장에서는 치명적입니다. 쉽게 말해 시장이 쪼개지기 때문이죠. 시장이 축소되는 걸 의미하지요. 하지만 사교육은 부모와 학생들에게 가장 적합한 줄을 선택하고 집중하라고 말하지 않고, 반대로 이 트라이앵글

°　〈대입제도 개선방안 연구(2013)〉, 강태중 외.
°°　〈대입제도 개선방안 연구(2013)〉, 강태중 외.

모두 아이와 부모가 포기해서는 안 된다는 식으로 공략했습니다.

우리나라 입시 문제를 거론할 때마다 언급되는 수험생들의 과중한 입시부담을 줄여 주기 위한 의도가 정반대의 결과를 낳은 것입니다. 왜 이처럼 어처구니없는 일이 벌어졌을까요? 교육계가 우리나라 사교육 존재를 우습게 안 것이 화근이 되었다고 봅니다.

그렇지 않아도 불안도가 높은 우리나라 수험생 부모들은 어느 쪽 얘기에 귀가 솔깃할까요? 한쪽에서는 자신에게 적합한 기회를 하나 골라 집중해야 한다고 말합니다. 다른 쪽에서는 내신과 수능 그리고 논술, 세 번의 기회를 모두 활용해야 한다고 말합니다. 불안한 마음은 결국 한 번보다는 세 번의 기회 쪽으로 기울 수밖에 없겠지요.

2002년도에 수시가 본격적으로 시행되면서 여러 줄 세우기 입시가 시작되었습니다. 하지만 우리나라 입시에서 가장 중요한 몫은 실제 학생들을 선발하는 대학에 있습니다. 대학은 수시와 정시의 전형별 특성에 맞는 학생을 선발하고 있다는 사실을 정확히 알아야 합니다. 학생부 교과 전형(내신)에는 일부 최저 기준이 있지만 수능과 논술을 보지 않습니다.

"제가 학교 시험만이 아니라 수능과 논술도 열심히 해서 실력이 있으니 조금이라도 인정해주시면 안 되겠습니까?"

이런 마음은 이해하지만 번지수를 잘못 찾은 꼴입니다. 아무리 수능과 논술 실력이 뛰어나더라도 학생부 교과 전형에서는 내신 성적만 반영하게 되어 있습니다. 물론 수능 성적은 최저 기준으로 활용되는 경우도 있으므로 반드시 준비해야 한다는 이야기도 있는데, 이 부분은 뒤에서 다시 짚어보겠습니다.

수시와 정시라는 기회를 모두 잡아야 한다는 말을 들을 때마다 답답합니다. 이런 말 하는 사람 모두 가둬놓고 실제 수시와 정시를 준비하도록 하면 그런 소리 못할 텐데, 라는 생각도 듭니다. 입시 전략을 말로 떠드는 사람들이 정말 문제입니다. 아무리 전략이 좋아도 결과물을 만들어야 하는 수험생의 입장을 제대로 고려하지 못한다면 무슨 소용이 있을까요? 오히려 수험생의 소중한 시간과 노력을 낭비하게 만드는 실패 전략이 되지 않을까요? 내신과 수능 그리고 학종 중에서 하나만 잘 준비하기도 어려운 수험생들에게 그림의 떡 같은 합격 확률을 높이기 위해 모두 준비해야 한다고 말하는 사람들이 너무도 원망스럽습니다.

수시와 정시는 축구와 야구 같은 것

제 이야기를 좀 더 잘 이해시켜 드리기 위해 제가 상담했던 학생 중 안타까운 사례를 말씀드려보겠습니다.

A양을 상담해보니 정시로 희망하는 교대에 합격할 희망이 보였습니다. 하지만 지금까지 닥치는 대로 입시를 준비하느라 어떤 선택을 해야 하는지 고민조차 하지 못한 상태에서 상담하게 되었죠. A양은 진심으로 아버지를 이어서 초등학교 교사가 되고 싶은 꿈이 있었고 자질도 충분하며 학생부 곳곳에 그런 흔적이 남아있었습니다.

문제는 인기학과인 교대에 합격하기에는 내신 성적도, 기타 활동도 많이 부족한 상태라는 것이었습니다. 하지만 정시에서는 충분히

중위권 학부모를 위한 공부·진로·진학

가능성이 있었습니다. 특히 수학에서 고득점이 가능했기 때문에 남은 기간을 수능 준비에 효과적으로 활용하면 정시로 합격이 가능하다고 판단했습니다.

그런데 문제는 A양 자신이 '학종'을 포기할 수 없었다는 겁니다. 그동안 준비한 게 아깝기도 하고 혹시 합격할지도 모른다는 생각을 가지고 있었던 거죠. 더 큰 문제는 주변 사람들입니다. 주변 사람들 모두 그렇게 생각하고 있었습니다.

"어차피 준비한 건데 한번 도전해 봐!"

저는 이런 섣부른 조언이 정말 위험하다고 생각합니다. 누구나 쉽게 할 수 있는 말이지만 실제 시간과 노력을 기울여 준비해야 하는 수험생의 처지를 생각하면 함부로 해서는 안 될 말입니다. 왜일까요? 준비하는 수험생은 자신에게 주어진 시간과 노력을 쪼개야 합니다.

자기소개서에 한 줄씩 채워가며 고민에 빠집니다. 과연 잘하고 있는 건지 말이죠. 손을 댈수록 내용이 좋아지는 것도 같습니다. 결국 쉽게 손을 뗄 수 없습니다. 지원할 대학을 알아보고 최종 판단을 하는 과정도 생각보다 많은 시간과 에너지를 요구합니다. 그러는 사이에 시간은 계속 흘러갑니다. 정시 수능 준비에 집중해야 할 소중한 시간이 사라져 가는 것입니다. 수능 마무리 준비에 중요한 시간, 두세 달을 허비한 결과는 당연히 불합격입니다. 수학은 1등급을 받았지만 탐구과목에서 5등급을 받은 게 치명적이었습니다.

이런 안타까운 사례는 너무도 많습니다. 수시와 정시를 모두 기회로 생각하고 욕심을 부리게 만든 사람들은 결코 책임지지 않습니다. 수시도 포기 못 하고 정시도 해야 하는 상황은 대부분 죽도 밥도 아닌 결과로 끝나고 맙니다.

여기서 수능 최저 기준에 대한 이야기도 해야 할 것 같습니다. 주요 상위권 대학들은 수시 합격의 조건으로 수능 성적 등급의 최저선을 제시합니다. 수시를 준비하지만 정시 수능 공부도 해야 한다는 이야기의 배경입니다.

하지만 분명히 구분해야 합니다. 정시를 위한 수능 준비와 수시 최저 기준을 위한 수능 준비는 똑같지 않기 때문입니다. 정시 수능을 위해서는 보통 가장 부진한 과목에 집중해서 원하는 성적을 받는 것이 성공 전략입니다. 하지만 수시 최저 기준을 위한 수능은 정반대입니다. 부진한 과목은 전략적으로 버리고 강한 과목을 중심으로 준비해서 최저 기준에 맞추는 것이 성공 전략입니다. 같은 수능이더라도 정시를 위한 수능과 수시를 위한 수능은 공부해야 할 과목이 달라지는 겁니다. 부진 과목을 공부해서 성적을 올리는 것과 강한 과목의 성적을 활용하는 것, 어떻게 같은 공부라고 할 수 있나요?

축구와 야구는 같은 운동이지만 분명 종목이 다르지요. 수시와 정시도 마찬가지입니다. 같은 입시지만 수험생 입장에서는 준비할 것이 다르기 때문에 다른 종목이라고 봐야 합니다. 거듭 말씀드리지만 입시를 말로 떠드는 사람들의 이야기는 가려서 들으십시오. 중요한 것은 직접 몸을 움직이고 에너지를 써가면서 하나하나 필요한 준비를 해야 하는 수험생 당사자입니다. 얼마 전부터는 수험생조차 불안감에 사로잡혀 수시와 정시를 모두 쥐고 우왕좌왕하는 모습을 흔히 보게 됩니다. 하나를 버리면 부담이 줄고 가벼운 마음으로 자신의 선택을 믿고 집중하는 게 필요합니다. 그런 수험생들은 불안감에 흔들리지 않습니다.

　문제는 이것도 저것도 해야 할 것 같고, 마음은 바쁘지만 몸은 따라주지 않는 경우입니다. 수시와 정시에 모두 욕심 부리기 때문에 나타나는 부담감이 그 원인입니다.

　소장님이 말씀해주신 사례에서 아이가 불안해 학종에서 손을 떼지 못한 것도 이해되고, 단호하게 하나로 가자고 말하지 못한 부모 마음도 이해됩니다. 저도 그러니까요. 대한민국 입시 체제에서 갈팡질팡하는 건 당연하다는 생각도 들어요. 확신이 없으니까요. 저 또한 큰아이에게 수시냐 정시냐 두 마리 토끼 중 한 마리만 잡아야 한다고 강력히 말하지 못하겠더라고요. 무슨 확률 게임도 아니고 이런 상황 자체가 싫은데 어쩌겠어요.

　첫째 때는 '학종'이 가지는 말의 무게를 몰랐습니다. 그저 둘 다 준비하는 아이가 대견했습니다. 그리고 어떻게든 지원해주고자 했습니다. 그런데 하나도 제대로 준비하지 못하고 우왕좌왕하다가 시간이 지난 거 같다며 속상해하는 아이를 보며 엄마로서 미안한 마음이 컸어요. 엄마가 가이드라인을 제시해야 했다는 죄책감이 상당히 오래 갔어요. 방향 자체가 다른 거라고 생각하지 못했거든요. '준비하는 김에' 했던 거죠. 저처럼 생각하는 부모나 아이들이 한둘이 아닐 것 같아요.

　코로나 시국에 자퇴하는 학생이 많아졌다는 이야기를 종종 듣고 있어요. 차라리 검정고시를 준비하겠다는 건데요. 참 안타깝고 씁쓸해요. 학교에서의 배움이 입시를 위한 것만이 아닌데 오죽하면 그럴까 싶고요. 지름길, 고속도로만 찾는 요즘 세대인 듯도 하고요. 여전히 미로를 헤매고, 안개 속을 하염없이 걷는 느낌이죠. 한 치 앞을 모르기에 자신을 믿고 나아가야 하는데, 워낙 불안하니 뭐라도 더 붙잡고 싶어져요. 그때 믿을 건 역시 '할 수 있다'는 마음이 아닐까요? 그래서 마음 챙김이 더 절실하게 느껴져요. 멘탈 관리, 마음 근육 키우기 말이에요.

입시에 전략과 계획보다 중요한 것

선발하는 방식만 놓고 보면 수시 학생부 종합은 정시보다 100배 어렵습니다. 그럼에도 많은 대학이 수고를 감수하면서 면접까지 보고 학종으로 학생을 선발하려는 이유가 뭘까요? 기업도 마찬가지입니다. 진로 편에서 우리는 확인했습니다. 기업도 더는 학벌에 한눈팔 정도로 여유 있지 않다는 걸요. 대학도 마찬가지입니다. 진짜 제대로 된 아이를 뽑으려면 면접까지 봐야 한다고 생각하는 겁니다. 근데 문제가 있습니다. 아무것도 놓칠 수 없는 수험생의 불안감은 입시에서도 '포트폴리오'라는 개념을 사용하게 만듭니다. 예를 들어 수시와 정시, 그리고 수시에서도 교과와 논술 그리고 '학종'에 대한 비중을 잘 안배하는 것이 효과적인 입시 전략이라는 거죠.

우스갯소리로 평일에는 내신학원에 다니고 주말에는 수능학원, 방학에는 논술학원이나 학종 컨설팅을 받는다고 합니다. 나름 포트폴리오를 짜서 입시를 준비한다는 겁니다. 무슨 '스리잡'도 아니고 말이죠. 그런데 대학입시 원서를 쓸 때 비교해보면 어느 한쪽에 더 경

중위권 학부모를 위한 공부·진로·진학

쟁력이 있음을 확인할 수 있습니다. 수시에서 쓸 수 있는 원서가 6장인데 교과 두 군데, 수능 두 군데, '학종' 두 군데 이렇게 원서를 낼까요? 아니면 세 가지 전형 중에서 그래도 준비가 잘 되어 있다고 판단하는 한 곳에 집중하게 될까요? 물론 합격 안정권에 일단 원서를 내고 나머지는 상향 지원하는 차원에서 포트폴리오를 짤 수는 있습니다만, 그건 '지원 전략'일 따름입니다. 입시에서 가장 중요한 '준비 전략' 차원에서 먼저 선택하고 집중해서 얻은 결과를 활용하는 것이 '지원 전략'입니다. 지원 전략에서는 포트폴리오라는 개념을 적용할 수도 있지만 '준비 전략'은 반드시 선택과 집중의 원칙을 따라야 합니다.

또 어떤 경우는 정시가 적합한데 수시가 아까운 겁니다. 수시 선발 비율이 70퍼센트를 넘으면서 그냥 버리기에는 너무 떡이 커 보이는 겁니다. 하지만 착각하면 안 됩니다. 결코 많이 선발하는 쪽을 선택했다고 해서 자신의 합격 확률이 올라가지 않습니다. 아무리 바늘구멍이라 하더라도 자신의 경쟁력이 분명하다면 합격 확률은 100퍼센트입니다. 대학입시에서는 철저하게 자신에게 집중해야 합니다. 선택에 따라 달라질 자신의 모습을 진지하게 살펴야 합니다. 명문대, 인기 학과에 가고 싶은 욕심에 전략은 치밀하고 계획은 거창하지만 어영부영 세월을 보낼 것인지, 아니면 관심을 가지고 열심히 할 수 있는 전형을 선택해서 집중할 것인지 예측해야 합니다.

현장에서 확인한 입시 성패의 관건은 전략과 계획에 있지 않았습니다. 오히려 욕심을 버리고 조금은 겸손하게 자신에게 맞는 선택을 하고, 그 결과를 가벼운 마음으로 집중했을 때 좋은 결과를 얻는 사실을 확인할 수 있었습니다.

수포자 아이와 부모를 위한 입시 전략

이번에는 공포와도 같은 수포자를 양산하고 있는 수학의 예를 들어 보겠습니다.

어느 날 갑자기 아이가 부모에게 다짜고짜 얘기합니다.

"엄마, 나 수학은 진짜 자신 없는데, 포기하면 안 될까?"

대부분 부모가 아이가 수학을 포기한다는 건 대학입시를 포기하는 것과 같다고 생각하시는 것 같습니다. 수학 때문에 어려움을 겪는 우리나라 많은 아이가 감내해야 할 압박과 부담을 생각하면 정말 눈물 납니다. 아이가 어릴수록 오히려 부모가 대학입시를 잘 알아야 합니다. 특히 학교 공부를 무난하게 하는 경우가 아니라면, 특정 과목에 어려움을 겪는 경우라면, 대학입시에 대한 올바른 이해를 통해 활로를 열어갈 수 있습니다. 대학입시의 다양성을 활용하면 얼마든지 아이의 약점을 피해갈 수 있는 길을 찾을 수 있습니다. 오히려 어떻게 해서든 아이의 약점을 해결하기 위해 애쓰는 과정에서 부모와 아이 모두 상처를 입기 쉽습니다.

갑자기 수학을 포기하고 싶다는 아이에게 부모로서 해야 할 역할은 무엇일까요? 대부분 부모가 가슴이 덜컹 내려앉으며 특별한 대책이 필요하다고 생각할 겁니다. 수학을 포기하지 않도록 수단과 방법을 총동원해야 한다는 압박감을 느낍니다. 그렇게 아이의 약점인 수학 문제를 해결하기 위해 더 열심히 수학 공부를 시켜보지만 결과는 대부분 비극으로 끝납니다.

수학 공부가 다른 공부보다 어려운 아이에게 전보다 더 많이 수학

입시의 다양성을 이해하는 부모가 되고 싶다면

이렇게 해보십시오. 아이가 수학을 포기하지 않도록

꾸준히 수학공부를 해나갈 수 있는 길을 열어주십시오.

남들보다 좋은 성적을 받아야 하는 괴물 같은 수학이 아니라

자신에게 필요한 만큼만 공부하는 적정 수학의 길이 있습니다.

공부를 시킨다는 것의 의미를 모르는 겁니다. 그렇지 않아도 아픈 곳을 계속 후벼 파는 것과 다르지 않습니다. 아이는 몸부림을 치겠지요. 하지만 옆에서 지켜보는 부모는 더 화가 납니다. 자신의 노력이 효과를 보지 못하면 대부분 아이에게 화살을 돌리기 마련 아닌가요? 결국 수학 때문에 아이와 부모의 삶 모두가 엉망진창이 되는 경우 정말 많습니다.

입시의 다양성을 이해하는 부모가 되고 싶다면 이렇게 해보십시오. 아이가 수학을 포기하지 않도록 꾸준히 수학공부를 해나갈 수 있는 길을 열어주십시오. 남들보다 좋은 성적을 받아야 하는 괴물 같은 수학이 아니라 자신에게 필요한 만큼만 공부하는 적정 수학의 길이 있습니다. 지금의 입시는 한 줄 세우기가 아닌, 여러 줄 세우기라고 했습니다. 여러 줄마다 수학 비중이 달라진다는 사실을 기억하십시오. 수학 성적이 결정적인 줄도 있지만, 묻지 않는 줄도 있습니다.

정시에서 이과 계열일 경우 수학의 비중이 대략 80퍼센트 이상이라고 보면 됩니다. 수학을 피해갈 수 없는 거죠. 하지만 정시 문과 계열일 경우 수학의 비중이 60퍼센트 이하로 떨어집니다. 그런데 수시 교과 전형에서 수학 성적의 비중은 또 많이 떨어집니다. 내신 성적에 반영되는 여러 과목 중 하나가 수학인 겁니다. 이제 학종으로 오면 수학 성적의 비중이 0퍼센트가 될 수도 있습니다. 앞에서 얘기한 A 타입에서의 강점, 전공에 대한 기여도가 어느 정도 예측된다면 또는 B타입에서의 강점, 공동체에 대한 기여도가 예측된다면 수학 성적의 영향력은 사실상 제로가 됩니다. 당연히 수학과 관련 없는 전공을 선택한 경우를 말하는 겁니다.

중위권 학부모를 위한 공부·진로·진학

세상에 노력해서 되는 일이 있고, 아무리 노력해도 안 되는 일이 있지 않나요? 수학도 중요한 공부 개성 중 하나입니다. 수학을 공격적으로 공부하는 경우와 수학을 방어적으로 공부하는 경우를 비교해 보겠습니다. "나는 내가 이해할 수 있는 범위에서 재미있게 수학 공부를 하면 돼!", "어떻게든 수학 성적을 올리려면 아무리 어려운 문제라도 포기하지 말고 풀어야 돼!" 두 경우의 학교생활은 완전히 다르지 않을까요?

입시의 다양성을 이해하고 필요한 만큼의 적정수학을 공부하면 충분한 아이들이 꾸역꾸역 수학학원에 다닙니다. 한 조사 결과를 보면 고등학생의 '수포자' 비율이 60퍼센트에 가깝습니다. 사실상 수포자지만 부모님의 요구를 거부하기 어렵습니다. 이미 수학 공부 감정은 엉망인데 그런 감정을 계속 느껴야 합니다. 다시는 보고 싶지 않은 악연이지만 계속 만나야 합니다. 입시에 대한 올바른 이해를 통해 아이의 아픈 수학 상처를 덧나지 않게 할 수 있는 길을 찾을 수 있습니다. 수학을 절대 포기하면 안 된다는 생각은 부모의 진심이 아니라고 봅니다. 수시와 정시를 모두 쥐고 있어야 안심할 수 있다고 얘기하는 사람들, 바로 사교육의 시장논리가 야속할 따름입니다. 그들은 수학 성적이 좋으면 입시에서 얼마나 유리한지 구체적인 데이터를 가지고 입증합니다. 그런 사교육 전문가의 설명을 들으면 부모들은 자신도 모르게 사명감에 불타는 것 같습니다.

"어떻게 해서라도 내 아이의 수학 성적을 끌어올려야지!"

하지만 아이는 수학과 멀리 떨어질수록 행복합니다. 수학공부를 가급적 조금만 할수록 공부를 열심히 할 수 있습니다. 부모의 욕망과 아이의 타고난 공부 개성이 심하게 충돌합니다. 부모와 아이 모두 패자가 될 수밖에 없습니다. 예정된 실패로 가는 모습을 보면서 안타깝고 답답할 때가 많습니다.

그렇다면 이 통과의례와도 같은, 아니 성장통과도 같은 우리 아이들의 입시를 이왕이면 상처를 덜 남기고 잘 치르려면 어떤 방법이 있을까요? 입시를 성공적으로 준비하기 위해 어떤 점에 집중해야 할까요? 다음 장에서 살펴보겠습니다.

축구와 야구는 같은 운동이지만 분명 종목이 다르지요. 수시와 정시도 마찬가지입니다. 같은 입시지만 수험생 입장에서는 준비할 것이 다르기 때문에 다른 종목이라고 봐야 합니다. 거듭 말씀드리지만 입시를 말로 떠드는 사람들의 이야기는 가려서 들으십시오. 중요한 것은 직접 몸을 움직이고 에너지를 써가면서 하나하나 필요한 준비를 해야 하는 수험생 당사자입니다.

중위권 학부모를 위한 공부·진로·진학

04

달라지고 있는
서울대 입시

앞서 살펴봤듯이 우리나라 입시 체제는 시시각각 변화하고 다양해지고 일종의 트렌드까지 양산하고 있습니다. 그렇다면 입시에서 가장 중요한 것은 뭘까요? 내 아이에게 적합한 길, 그래서 내 아이가 동기를 가지고 열심히 공부할 수 있는 길을 찾는 것입니다. 입시가 목적이 아닌 수단이 되어야 합니다.

잘 아시겠지만 '원 오브 뎀'의 시대는 이제 지났습니다. '온리 원'이 되려면 약점을 채우기에 급급해서는 안 됩니다. 그마저도 보완이 어렵거니와 보완했다손 치더라도 수많은 그들 중 하나에 불과합니다. 내 아이가 잘할 수 있는 것, 내 아이가 지구력을 가지고 열심히 기꺼이 할 수 있는 것을 찾아가도록 마중물이 되어야 합니다.

입시에 필요한 인문학적 소양

내 아이의 입시를 둘러싼 여러 이해관계자가 자신에게 유리하게 왜곡한 정보를 비판적으로 생각하고 감별할 수 있는 안목, 즉 인문학적 소양이 반드시 필요합니다. 실제 입시를 주관하는 대학의 입장과 입시 변화의 흐름을 제대로 파악하면 여러 길이 보입니다. 그중 내 아이의 장점을 살리는 데 적합한 길을 찾으면 쉽고 행복한 입시도 얼마든지 가능합니다.

아이와 부모가 힘을 합쳐도 모자랄 판에 갈등하면서 어려움을 겪는 진짜 이유를 아셔야 합니다. 부모들은 아이가 입시 준비를 열심히 하지 않는다고 불만이지만, 아이가 의도적으로 열심히 하지 않으려는 경우는 없습니다. 자신에게 맞지 않는 옷을 입은 것처럼 장점을 활용하기보다 어떻게든 단점을 극복해야 하는 입시준비가 어렵고 힘겨울 뿐입니다. 입시가 복잡해진 측면이 있다 보니 부모 대부분이 사교육 전문가에게 의지합니다.

그러나 사교육 전문가들은 어떻게 해야 부모들이 만족하고 순순히 지갑을 여는지 잘 알고 있습니다. 부모들을 안심시키고 합격 확률을 높일 수 있는 전략을 제시해야 합니다. 하지만 그 전략은 부모들을 만족시키는 데는 성공할지 모르지만, 입시를 준비해야 하는 수험생에게는 실천하기 쉽지 않은 전략일 수 있습니다. 부모가 만족할수록 당사자인 수험생들은 어려워지는 이 아이러니를 어떻게 생각하시나요?

2021 대입 수시모집 전형별 지원 경향 및 결과

(가. 등급별 지원 유형 및 합격 현황)

구분	학생부위주(교과)		학생부위주(종합)		논술위주		실기위주		전체
	지원 비율	합격 비율	지원 비율	합격 비율	지원 비율	합격 비율	지원 비율	합격 비율	합격 비율
1.0~1.5	47.2	45.5	52.3	49.5	0.6	25.0	0.0	0.0	47.5
1.5~2.0	38.9	34.3	58.1	37.3	2.6	2.1	0.4	85.7	35.4
2.0~2.5	38.1	42.6	56.6	23.6	4.8	3.6	0.4	15.4	29.9
2.5~3.0	41.4	40.2	48.1	19.0	9.8	11.5	0.7	7.1	27.0
3.0~3.5	48.1	38.2	37.1	19.6	13.7	7.4	1.1	17.2	26.9
3.5~4.0	50.9	36.8	32.5	23.0	14.8	6.2	1.8	13.9	27.4
4.0~4.5	52.9	38.1	30.9	27.1	13.7	4.2	2.4	11.3	29.4
4.5~5.0	54.5	39.0	31.3	26.2	10.5	4.5	3.6	13.1	30.4
5.0~5.5	56.4	40.5	29.6	26.1	9.3	2.9	4.6	17.3	31.6
5.5~6.0	59.8	42.0	27.1	26.2	6.4	1.2	6.6	14.4	33.3
6.0~6.5	61.1	42.9	24.1	23.0	4.5	0.7	10.4	15.5	33.4
6.5~7.0	63.0	42.5	18.6	27.8	3.6	0.7	14.7	13.9	34.0
7.0~7.5	66.6	44.5	14.4	32.8	2.8	1.6	16.1	15.6	36.9
7.5~8.0	59.3	49.6	13.2	33.3	1.7	0.0	25.7	19.0	38.7
8.0~	61.4	56.8	7.6	51.2	0.9	0.0	30.0	24.8	46.3
	53.9	40.5	31.8	25.4	9.0	4.7	5.2	15.6	31.2

가. 분석 대상

1) 대상 학교 : 79개 고교(부산시교육청 진학지원단 소속 고교)
2) 분석 건수 : 71,171건(지원자 수 : 13,554명)

나. 성적 자료(학생부교과 성적 기준)

1) 인문은 국어·수학·영어·사회, 자연은 국어·수학·영어·과학의 평균 등급
2) 수능 성적은 국어·수학·영어·탐구(2개 평균) 기준

다. 분석 방법

1) 전형 분류는 4개(학생부교과, 학생부종합, 논술, 실기) 전형으로 분류
2) 정원 외 전형(고른기회전형) 및 전문대학교 포함

이 자료는 입시 실패의 진짜 이유를 확인할 수 있는 내용입니다.°
2021년에 입시를 준비한 부산시교육청 진학지원단에 소속된 79개 고등학교 학생의 수시 결과를 전수조사한 귀한 자료로 수시 전형의 실태를 파악할 수 있습니다.

부산 관내 고등학생 중에서 내신 성적이 1.0~1.5등급 구간의 학생 47.2퍼센트가 학생부 교과 전형에 지원해서 45.5퍼센트가 합격했다고 나와 있습니다. 같은 구간에서 학생부 종합 전형에는 52.3퍼센트가 지원해서 49.5퍼센트가 합격한 것으로 확인됩니다. 논술로는 0.6퍼센트 지원해서 25퍼센트가 합격했습니다. 여기서 어떤 문제가 보이십니까? 최고 등급 구간인데도 합격률이 50퍼센트를 넘지 못하고 있습니다.

학생부 교과는 정량평가입니다. 정성평가에 비해 합격선 예측이 가능한 전형입니다. 수험생 대부분은 사설 컨설팅을 받고 지원합니다. 그런데 결과가 너무 참담하지 않습니까? 도대체 왜 이런 일이 벌어지는 걸까요?

사교육의 시장 논리가 사고를 친 겁니다. 사교육은 고객인 부모를 만족시켜야 합니다. 부모의 욕심을 최대한 자극해서 만족스러운 컨설팅을 해주어야 합니다. 수시 교과 전형과 정시 컨설팅을 할 때는 점수를 입력하면 상향, 안전, 하향 지원을 구분해서 알려주는 컴퓨터 프로그램을 사용합니다.

그런데 아이 성적에 맞게끔 안정권에 지원하도록 안내하면 대부분

° 《2022 수시모집 성공전략》, 부산광역시미래교육원(부산진로진학지원센터).

부모가 불만스러워합니다. 최대한 상향 지원으로 컨설팅해야 유능하다고 생각하기 때문입니다. 결국 불만스러운 컨설팅은 피하고 만족시켜 주는 곳으로 몰리다 보면 1.0~1.5등급을 갖고도 50퍼센트 이상이 떨어지는 결과가 나올 수밖에 없는 겁니다.

컨설팅을 받고 지원할 때까지는 기분 좋습니다. 하지만 오래 못 갑니다. 학생부 종합의 합격률을 보면 1.0~1.5등급 구간만 40퍼센트대이지, 대부분 합격률이 30퍼센트대에도 미치지 못합니다.

부모만 모르는 학종의 실체

논술은 지금의 '학종'처럼 부모에게 막판 역전의 찬스로 받아들여졌습니다. "어머님, 논술로 역전할 수 있습니다!"라는 사교육 관계자의 말만 믿고 쏟아부은 시간과 노력을 자신에게 적합한 전형에 집중했다면 더 좋은 결과로 이어지지 않았을까요? 1.0에서 3.0등급 구간을 제외하면 논술의 합격률은 10퍼센트에도 미치지 못합니다.

저는 한때 논술학원에 있으면서 일상이 비논술적인 학생을 정말 많이 만났습니다. 아이들과 몇 마디 나눠보면 감이 옵니다. 생각하기 싫어하고 글쓰기는 더 싫어하는데 무슨 논술이 될까요? 아이도 알지만 부모의 희망을 꺾을 수 없기에 무기력하게 다니는 겁니다.

논술학원이 불어넣은 막판역전의 희망을 안고 아이를 희망고문으로 몰아가는 경우가 적지 않습니다. 부질없는 욕심을 부린 부모의 책임일까요, 아니면 부모를 부추긴 사교육 업체의 책임일까요?

책임 소재를 따진들 무슨 소용입니까? 만에 하나 컨설팅 비용을 돌려받는다고 하더라도 부모와 아이의 삶에 새겨진 낙심과 좌절, 실패의 상처를 어떻게 지울 수 있을까요? 더욱 심각한 것은 자신이 속은 줄도 모르는 경우가 대부분이라는 사실입니다. 버릇처럼 아이 탓을 하는 부모는 여전히 컨설턴트에게 고마운 마음을 갖고 있을지도 모릅니다.

논술을 대신해서 희망고문의 빌미가 되는 '학종'의 실체를 정확히 알아야 합니다. 앞의 자료에서 학생부 교과 등급이 나쁘지 않은데도 왜 합격률이 대부분 30퍼센트에도 미치지 못하는지 진실을 알아야 합니다. 먼저 대학에서 '학종'을 실시하는 이유를 분명히 알아야 합니다. 최근 교육부의 정시 확대 방침 때문에 주춤하고 있지만, 상위권 주요 대학은 수시에서 70퍼센트 이상을 선발하는데 그중 '학종'의 비율이 가장 높은 경우가 많습니다.

다시 상식에 기대어볼까요? 단순하게 생각할 때 정성평가인 수시 '학종'과 정량평가인 수시 교과, '정시' 중에서 대학이 어느 쪽을 선호하는 게 합당할까요?

제가 입학처장이라면 정시라고 생각되는데요. 정확하게 결정된 점수에 맞춰서 결정되니 누구나 수긍하지 않을까요? 근데 문제는 전공적합성 부분이겠다는 생각도 들어요. 전공에 맞추기보다 학교의 네임밸류나 점수에 맞춰 입학이 결정됐다면 더더욱이요. 결국 선택은 오롯이 학생과 부모의 몫이니 참 어렵죠.

중위권 학부모를 위한 공부·진로·진학

아무래도 수시 아닐까요? 자신의 뚜렷한 목표가 있고, 전공을 좋아하고 깊이 있게 공부할 수 있는 친구들이 졸업까지 좋은 성과를 낼 수 있을 것 같습니다. 점수에 맞춰서 결정된 전공은 포기도 빠르지 않을까 싶어요. 실제 아이비리그에서도 입학률은 높지만, 낙제율도 최대라고 하는 씁쓸한 결과도 있잖아요. 결국 학교도 스스로 하고 싶은 길을 꾸준히 찾아온 친구들을 찾고 싶을 것 같습니다.

요즘 아이들 꿈이 없다고들 해요. 참 안타까워요. '꿈'은 유치원, 초등 저학년 때만 꾸는 게 아닌데 말이죠. 어릴 적 꿈은 잊은 지 오래고 전공 따로 직업 따로인 삶이 되지 않게 수능 점수가 아닌 아이들의 삶을 보고 합격의 기회를 주면 참 좋겠어요. 그나마 수시가 그 기회를 줄 수 있는 거 아닌가요.

수시 학종은 정시보다 100배 어려운 선발방식입니다. 합격선을 정해 줄만 그으면 되는 방식과 서류심사와 면접을 거쳐야 하는 방식의 노력은 비교가 안 됩니다. 그럼에도 많은 대학이 엄청난 수고를 감수하고 면접까지 보면서 '학종'으로 학생을 선발하려는 이유가 뭘까요? 물론 새롭게 도입한 제도의 정착을 위한 교육부의 예산 지원이 기폭제가 된 건 맞습니다.

하지만 최근 상황은 다릅니다. 교육부가 입장을 바꿔 '학종'을 줄이고 정시를 늘리라고 했지만 다수 대학이 가급적 '학종'을 줄이지 않겠다고 했습니다. 정량평가를 통해서는 자신들에게 필요한 우수한 인재를 선발하는 데 한계가 있다고 생각했기 때문입니다.

2부 '진로' 편에서 확인한 기업 입장과 비슷합니다. 학벌만 가지고 회사 운영에 도움되는 인재를 뽑기 어렵다는 판단과 같은 맥락입니다. 기업이 수고를 무릅쓰더라도 실제 회사의 기여도와 업무 능력을 평가하고 싶은 것처럼, 대학도 성적만 보는 것이 아니라 학교생활 전반을 살피고 면접까지 보면서 자신에게 필요한 인재를 선발하려는 의지를 갖고 있습니다.

달라지고 있는 서울대 입시

서울대 입시에서도 분명히 확인할 수 있습니다. 서울대 입시를 거론하는 이유가 있습니다. 서울대의 결정이 다른 대학에 많은 영향을 미치기 때문입니다. 우리나라 입시의 흐름을 서울대가 선도하고 있다고 봐도 무리가 없을 겁니다.

서울대도 2023학년도부터 교육부 가이드라인에 따라서 정시로 40퍼센트를 선발합니다. 그런데 생뚱맞게도 서울대는 정시에도 교과평가를 도입하겠다고 합니다. 아니, 수능 성적으로 선발하면 간단한데 복잡하게 교과평가를 하겠다는 이유가 뭘까요? 교과평가에는 교과 성적만이 아니라 전공 관련 선택과목 이수 여부, 그리고 학생들의 평소 학교생활 모습을 파악할 수 있는 교과별 세부능력 특기사항이 포함됩니다. 결국 수능 성적이라는 결과만이 아니라 평소 학교생활은 어떻게 했는지까지 평가하겠다는 의지를 읽을 수 있습니다.

학생부를 보고 전인적으로 평가하겠다는 서울대의 정시 선발방식이 의미하는 바를 잘 파악하십시오. 대학은 중도탈락률이라는 지표를 관리합니다. 전형절차를 거쳐 선발한 학생이 자퇴하거나 반수나 휴학 등으로 정상적인 학교/학과 운영에 부담이 되는 경우를 최대한 줄이기 위해 노력할 수밖에 없습니다.

'학종'을 통해 선발한 학생의 중도탈락률이 정시보다 낮다는 통계를 아는 대학들이 '학종'을 선호하는 건 당연하겠지요. 아직 충실한 결과가 나오지는 않았지만 '학종' 출신의 취업률이 높다는 통계도 나오고 있습니다. 대학생활에서 학종 출신이 전반적으로 우수하다는 연구결과를 볼 때, 대학끼리 생존경쟁을 벌이는 상황에서 대학의 '학종' 선호도는 당연히 더 올라갈 것으로 보입니다.

문제는 성적 외에 다른 요소들까지 가급적 전인적인 평가를 실시하는 '학종'의 특성에 동반하는 약점을 파고들어 '학종'을 오염시키는 행위입니다. 언론에서는 주로 선발방식 자체의 허점과 공교육의 문제를 다루지만, '학종' 문제점은 사교육의 악용이 원인입니다. 어떤 부모의 하소연을 들어보십시오.

또 생기부를 위해서 아이와 함께 거짓말을 만들어야 하고 거짓말로 기재합니다. 이건 제 실제 사례이고 대부분의 부모가 하는 거짓말인데요. 저는 제 아이 독서록, 아이가 읽고 제가 써서 생기부에 올렸습니다. 또 독후감대회에 제가 글을 써 줘서 상도 몇 개 받았습니다. 아이는 상을 받을 때마다 양심의 가책을 느꼈을 겁니다. 그렇지만 대학을 가기 위해서 남보다 나은 뭔가를 기재하기 위해서 저는 아이에게 거짓을 가르치고 아이는 거짓을 행동으로 옮겼습니다. 이게 '학종'입니다.

　2022 대입 공론화 과정에서 국민 참여단 500여 명의 마음을 흔들었던 카톡 화면의 내용을 가져왔습니다. 이 부모가 스스로 죄의식을 느끼면서도 거짓을 실행한 이유가 뭘까요? 우선 남들이 그런다니까 나도 어쩔 수 없다는 생각으로 합리화했겠지요. 또 대학이 제대로 검증하지 않기 때문에 거짓을 기록해도 문제가 없다는 말, 오히려 가급적 거짓말을 많이 해서 기록을 부풀려야 유리하다는 말을 누군가에게 들었을 겁니다.

　누가 그런 말을 했을까요? 대학이 스스로 무덤 파는 말을 했을 리

중위권 학부모를 위한 공부·진로·진학

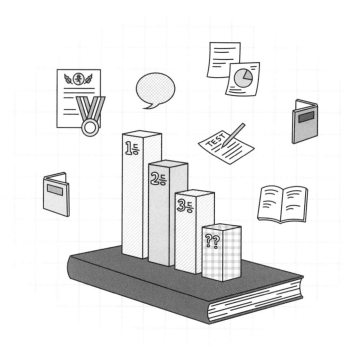

사교육 편에 서는 게 맞나요, 아이를 지키기 위해

노력하는 게 맞나요? 아이에게 적합한

입시 방법을 찾으려고 노력하는 것이 아니라,

사교육의 설득에 넘어가 오히려 아이를 알게 모르게

타박하는 부모들이 점점 많아지는 것 같아 안타깝습니다.

는 없고, 공교육도 기본 도리라는 것이 있는데 그랬을 가능성은 희박합니다. 부모를 상대하는 사교육이 유력한 용의자가 될 수밖에 없지 않나요?

"우리가 개입해서 관리해주면 기록이 풍성해지고 대학 가는 데 유리해집니다."

이제는 부모가 돈만 지불하는 것이 아니라 직접 개입하도록 유도합니다. 자신의 역할을 부모들이 체감할 수 있게 해서 돈 값을 입증하는 겁니다.

공급 과잉 문제가 심각한 대학은 교육부의 살생부 때문에 고뇌합니다. 정성평가인 '학종'은 정량평가에 비해 뚜렷한 장점과 분명한 허점을 동시에 가지고 있습니다. 흔히 말하는 창의성과 인간성을 시험문제로 판단하기가 어렵지요. 또 사람의 됨됨이를 전인적으로 평가하는 데 시험문제가 얼마나 도움이 될까요? 여러분이 입학사정관이라면 사람을 보지 않고 쉽게 선발할 수 있겠습니까? 서류심사는 만나보고 싶은 사람을 고르는 과정이라고 할 수 있습니다. 가장 정확한 것은 직접 만나고 나서 내리는 판단입니다.

시험 성적으로 확인할 수 있는 것이 매우 제한적이라는 한계를 보완하기 위해 평가 영역을 넓히고 사람까지 만나보겠다는 것이지요. 서류를 심사하고 면접을 보는 과정에서는 당연히 주관이 개입하게 됩니다. 점수가 아니라 입학사정관들의 판단에 의지한다는 것 자체가 바로 주관의 개입을 의미합니다. 따라서 정량평가라면 불가능한, 자기소개서 대필이나 스펙 만들기와 같은 유혹이 생길 수 있습니다. 학생과 입학사정관이 대면해야 하는 면접은 부정행위가 나타나기 더 쉬울 수 있습니다. 그런데 그런 부정행위가 얼마나 통할까요?

그런데 많은 부모가 착각합니다. 나만 안 하면 큰 손해를 보는 것 같고, 아이에게 죄책감을 느끼지 않기 위해서라도 남이 하는 만큼은 부정행위를 해야 안심하는 겁니다. 결국 부정행위가 통할 것이라는 믿음을 가져야만 부모가 마음의 안정을 취할 수 있는 겁니다. 처음에는 남들이 하니까 별생각 없이 따라 합니다. 그러다가 부정행위가 통할거라 생각하는 것으로 발전하게 되지요.

실제 가능성이 있어서가 아니라, 어떻게 해서라도 가능성을 믿어야만 하는 부모의 처지가 안타깝습니다. 경쟁적으로 서류를 조작하는 상황에서 어쩔 수 없이 자신도 부정행위에 가담하는 거지요. 하지만 결국 아이에게 어떤 영향을 미치게 될지를 고려한다면 지푸라기를 잡고 싶은 심정일지라도 신중해야 합니다. 바늘구멍을 통과해야 하는데 그 과정에서 사람이 피폐해지는 경우를 정말 많이 봤습니다.

하루 이틀 일이 아니죠. 정말 착잡해요. 이건 비단 입시에 국한되는 문제는 아닌 듯해요. 초등학교 때부터 방학숙제 대신 해주는 부모, 또 결국엔 운 좋게 대학 보내놓고 수강신청 대신 해주고 또 천운으로 입사해서 아프면 상사에게 결근 전화까지 부모가 해준다잖아요? 스스로는 아무것도 할 수 없는 아이를 양산해내는 이 시대의 현실이 답답하고 안타까워요. 스스로 할 때까지 기다려주지 못하는 이 시대의 엄마들도 문제인 것 같아요. 물론 저 포함해서요. 정말 반성하게 되네요. 몸만 훌쩍 커버려 모든 걸 엄마에게 의존하는 '어른이'가 되지 않도록 이제는 단호하게 결심할 때가 되었다는 위기감마저 들어요.

🧑 아이 사교육에 휘둘리지 않던 엄마들이 가장 흔들리는 때가 언제인지 아세요? 아이가 원해서 학원의 힘 좀 빌리려고 하면 들어갈 데가 없는 거예요. 이제까지 뭐했냐면서 레벨이 안 맞다, 같이 할 수 있는 반이 없다, 과외를 해야 한다…. 그리고 이렇게 말하죠. "특별히 생각해서 OO이를 위해서 시간을 짜볼테니 당장 등록하시라." 내가 그동안 아이를 잘못 키웠나 자괴감이 듭니다. 상술인 걸 뻔히 아는데도 어찌 해볼 수 없는 경험 안 해본 사람은 모르실 거예요.

🧑 진학설명회에 쫓아다닐 무렵 이게 무슨 의미가 있나 싶은 때가 있더라고요. 내 아이와는 거리가 먼 얘기 들으려고 아침부터 북새통에 줄 서서 쭈그려 앉아 듣고 있나 싶은 생각도 들고요. 그런데 그렇게라도 안 하면 제가 아이에게 해줄 게 없는 느낌에 어쩔 수 없더라고요. 수능 날은 바득바득 다가오고 조급한 마음에 뭔가 판단을 내려야 할 때는 정말 이성이 냉철해지기가 어려운 거 같아요. 지극히 이성적인 사람도 급한 상황에 바른 판단을 한다는 게 쉽지 않은데 입시는 정말 그 이성을 놓게 만드는 거 같습니다. 눈에 훅훅 들어오는 그 날짜가 온 집안에 어두운 그림자가 되지 않게 하고 싶은데 쉽지 않네요.

사교육에 대한 비판이 지나치다는 생각이 들 수도 있습니다. 저도 인정하고 싶지 않고요. 공교육보다 훨씬 부모들에게 친화적이고 친절한 사교육의 문제점을 지적하면 부모들이 싫어하는 경우도 꽤 많습니다. 외롭고 힘든 와중에 만난 소중한 사교육을 폄훼하는 것 같아 일단 기분이 나쁠 수밖에요. 하지만 마음에 들고 안 들고를 떠나 먼저 사교육 기관의 정체성과 자녀의 미래를 곰곰이 따져볼 필요가 있습니다.

　사교육 하시는 분들이 나쁜 사람들이어서가 결코 아닙니다. 그들의 정체성은 사업자입니다. 수익을 내지 않으면 생존할 수 없기 때문입니다. 수익을 내야 한다는 관점에서 '학종'을 보면 사교육 업체의 논리대로 보이기 마련입니다. 여기서 근원적인 문제는 부모들의 정체성입니다. 사교육 편에 서는 게 맞나요, 아이를 지키기 위해 노력해야 하는 게 맞나요? 아이에게 적합한 입시 방법을 찾으려고 노력하는 것이 아니라 사교육의 설득에 쉽게 넘어가 오히려 아이를 알게 모르게 타박하는 부모들이 점점 많아지는 것 같아 안타깝습니다.

정성평가인 '학종'은 정량평가에 비해 뚜렷한 장점과 분명한 허점을 동시에 가지고 있습니다. 흔히 말하는 창의성과 인간성을 시험문제로 판단하기가 어렵지요. 또 사람의 됨됨이를 전인적으로 평가하는데 시험문제가 얼마나 도움이 될까요? 여러분이 입학사정관이라면 사람을 보지 않고 쉽게 선발할 수 있겠습니까? 서류심사는 만나보고 싶은 사람을 고르는 과정이라고 할 수 있습니다. 가장 정확한 것은 직접 만나고 나서 내리는 판단입니다.

05

공부 감정과
입시 감정

앞서 1부 공부 편에서 '공부 감정'이란 단어를 말씀드렸습니다. 어떠셨나요? 공부 감정은 결국 아이의 학년이 올라가면서 입시 감정과 대치됩니다.

언제부턴가 아이가 공부를 잘하려면 아빠의 무관심, 엄마의 정보력, 할아버지의 재력이 필요하다고 농담처럼 얘기하죠. 우리 사회의 양극화가 심해지면서 부모의 능력과 자녀의 대학입시 결과에 연관성이 점점 분명하게 드러나고 있습니다.

한편으로는 대치동에 있으면서 고정관념처럼 굳어지는 대물림 현상과는 정반대의 사례도 많이 접했습니다.

부모가 똑똑하고 돈도 많은데 아이는 공부를 못하는 경우를 어떻게 설명해야 할까요? 반대로 부모가 아이 교육에 신경을 쓰지 못하고 맞벌이하며 근근이 사는 처지지만 아이는 열심히 공부하는 경우는 또 어떻게 설명해야 할까요?

부모가 아무리 투자를 많이 해도 공부까지 대신해줄 수 없습니다. 부모가 관심을 보이지 않아도, 엄청난 지원을 하지 않아도 자발적인 동기를 가진 아이들은 열심히 공부합니다. 경제력과 정보력의 대물림 현상은 우리 사회가 문제점을 갖고 있다는 사실은 잘 설명하지만 실제 입시결과가 어떻게 결정되는지는 설명하지 못합니다. 물론 과거에 비해 부모의 경제력과 정보력이 중요해진 것만은 분명합니다. 하지만 그런 부모의 경제력과 정보력을 적극적으로 활용하는 '학생효과'를 빼면 부모로서 아이의 대학입시를 위해 무엇을 어떻게 해야 하는지 파악할 수 없습니다. 오히려 역작용으로 심각하게 빗나갈 가능성이 농후합니다.

아이의 자발성과 적극성 부족이 문제인데 핵심을 보지 못하고 사교육 효과에 기대어 단순히 학습량만 욕심내는 건 실패로 직진하는 길입니다. 부모의 경제력과 정보력이 오히려 아이들의 학습의욕을 감퇴시키고 패배감과 좌절을 낳는 경우는 허다합니다. 실제 성공에 필요한 조건인 '학생효과'와 부모로서 자녀의 성공을 위해 기대하는 '사교육 효과'의 차이를 혼동하면 대부분 실패합니다. 학생효과가 소화능력이라면 '사교육 효과'는 음식에 해당하겠지요. 아이들의 소화능력을 오히려 퇴화시키는 사교육, 소화불량을 낳는 사교육이 문제인데 어떻게든 진수성찬을 차려주고 싶은 사교육 업체들이 부추긴 소비심리에서 헤어 나오지 못하는 부모가 너무 많아졌습니다. 왜 그럴까요? 당연히 불안심리 때문이고, 또 그 기저에는 그렇게라도 해주고 싶은 지독한 자식사랑 때문이라 생각하고 싶습니다.

한국 부모의 입시 경쟁은
냉전시대의 끝없는 군비경쟁

부자와 가난한 사람 중에서 어느 쪽이 건강할 가능성이 높을까요? 많은 분이 부자라고 답합니다. 그러면 모든 부자가 가난한 사람보다 건강합니까? 아니죠? 가난한 사람 중에는 건강한 사람이 없습니까? 아니죠?

건강해지기를 원하면 건강에 필요한 요인에 집중해야 하는데, 먼저 부자가 되겠다고 합니다. 부자가 되려고 애쓰다가 건강을 잃게 되는 경우를 흔히 봅니다. 공부 편에서 알아본 공부 감정에 초점을 맞추면 아이가 건강해질 수 있습니다. 열심히 공부하는 모습을 기대할 수 있습니다. 아이가 공부하는 순간에 느끼는 감정, 공부를 열심히 하는 데 가장 기본적인 조건에 집중하고 나서 본격적으로 경제력과 정보력을 투입하면 당연히 효과를 보겠지요. 하지만 우리나라 부모들은 지독한 '입시 감정'에 빠져 있습니다. 아이에게 필요한 것을 도와주는 부모가 아니라, 자신들의 불안감을 달래는 것이 목적이 되어버렸죠. 오히려 아이를 자신의 감정을 처리해주는 희생양으로 만들어버립니다. 이처럼 삐뚤어진 부모 역할에 빠진 부모를 위해 '입시 감정'이라는 말을 만들었습니다. 이는 우리 사회에 오랜 걸림돌이던 '지역 감정'처럼 실체는 없지만 사람의 생각과 행동에 영향을 미치는 요인입니다. 그러나 멀찍이 떨어져 타자의 관점에 서면 '입시 감정'이 비교적 잘 보입니다.

중위권 학부모를 위한 공부·진로·진학

한국 부모의 입시 경쟁은 냉전시대, 끝없는 군비경쟁과 같다. 상대가 전함을 만들 것이라는 두려움에 우리도 전함을 만드는 거다. 상대는 우리 전함을 보고 실제로 전함을 만들고, 그러면 우리도 상대의 전함을 보고 실제로 전함을 만든다. 그러면 추가로 전함을 계속 만들어야 하고 결국 경쟁이 가속화된다. 한국 부모들은 '다른 집 아이가 사교육으로 앞서 나갈지도 모른다', '우리 아이만 뒤처질지 모른다'고 생각하며 사교육에 돈과 시간을 투자한다. 이를 본 다른 부모도 교육에 투자하고, 다들 지지 않으려 점점 더 많은 자원을 투자해야 한다고 생각하게 된다. 이것이 첫 번째 문제점이다.

이 사회학자가 한국 학생들의 공부 실태를 분석한 결과 '그로테스크하다'는 말을 했습니다. 어떻게 그렇게 의미도 없고 재미도 없는 공부를 오랜 시간 할 수 있는지 이해할 수 없다는 겁니다.

거듭 말하지만 부모로서의 **진심**과 **욕심**을 구분하셔야 합니다. 내 아이의 욕구와 어머니의 욕구를 잘 분별하셔야 합니다. 진로 편에서 강조한 경쟁을 싫어하는 아이가 진학에서 의미 있는 성공을 하려면 사교육 컨설팅이 자극하는 희망이 부모로서 반드시 극복해야 할 욕심이라는 사실을 알아차려야 합니다.

저는 그래서 많은 부모에게 '입시 감정'을 주문처럼 외우라고 합니다. 마음에 다급해지고 욕심이 생길 때, 아이에게 화가 나고 잔소리를 하고 싶을 때 이렇게 말해보십시오.

"입시 감정 때문이야, 입시 감정 때문이야!"

사교육의 시장논리에 포위되어 있는 상황에서 불안감이 아니라 아

이가 원하는 부모 역할을 할 있는 진심을 유지하시기를 간절히 소망
합니다.

아이의 자발성과 적극성 부족이 문제인데 핵심을 보지 못하고
사교육 효과에 기대어 단순히 학습량만 욕심내는 건 실패로 직
진하는 길입니다. 부모의 경제력과 정보력이 오히려 아이들의
학습의욕을 감퇴시키고 패배감과 좌절을 낳는 경우는 허다합
니다.

❓ **학부모**___ 저희 아이는 자기가 관심 있는 분야에만 열심히 파고드는 성향이에요. 어릴 때부터 그랬는데 시험공부에는 별로 관심을 보이지 않습니다. 예전 같으면 학종으로 장점을 살릴 수 있겠다고 생각하겠는데 정시 선발이 늘고 학종도 내신 성적이 중요해지니 결국 수능 준비에 매달려야 하는지 고민이 깊어지네요.

🅐 **박재원**___ 참 어려운 문제네요. 저는 입시의 최종 결과까지 놓고 부모에게 정직하고 책임감 있게 답을 주려 하지만, 혹여 제 말을 오해하지 않을까 늘 고민입니다. 정시와 수시를 모두 준비하는 것이 유리한 학생이 있기는 합니다. 하지만 상위권 일부입니다. 5종 경기와 10종 경기, 과연 어떤 종목이 준비하기 쉬울까요? 거듭 말하지만, 중위권 학생은 자신에게 유리한 전형을 선택해서 집중한 만큼 합격 확률이 올라갑니다.

그런데 문제는 중위권일수록 더 불안한 마음에 혹시 다른 기회는 없나 기웃거린다는 점입니다. 기회가 많아지면 그만큼 합격 확률도 높아질까요? 이것저것 신경 쓰느라 노력이 분산되어 합격 확률이 낮아지지 않을까요?

성공적인 입시 전략의 핵심은 합격선에 미치지 못하는 부족한 부분을 얼마나 채울 수 있느냐에 달려 있습니다. 이 대목에서 솔직하고 겸손해져야 합니다. 하기 싫은 것을 얼마나 열심히 할 수 있을까요? 사람은 기계가 아닙니다. 목표를 의식하는 생각도 있지만, 현재 행동을 지배하는 감정도 있습니다. 하기 싫은 감정이 분명한데 꼭 필요하다는 생각으로 억지로 참으면서 노력한다고 얼마나 좋은 결과를 기대할 수 있을까요? 선발인원의 90%가 배정되었더라도 집중해서 열심히 하기 어려운 전형이라면 그림의 떡일 뿐입니다. 10%만 뽑는다고 비관할 필요도 없습니다. 그래도 관심을 가지고 열심히 노력해서 실력을 끌어올릴 수 있다면 그만큼 합격 확률은 높아지기 마련입니다. 정량평가와 정성평가, 그리고 정량평가 중에서 교과와 수능으로 구분해서 오직 하나의 기준, 자신이 얼마나 열심히 준비할 수 있는지만을 기준으로 선택하고 집중해야 합니다.

욕심을 부린다고 합격 확률이 높아지는 건 결코 아닙니다. 욕심이 아니라 관심을 가지고 노력해서 실력을 끌어올린 만큼 합격 확률은 높아지겠지요. 입시 전략과 준비 계획은 훌륭하지만 그대로 실천할 수 없다면 무슨 소용이란 말입니까? 문제는 실천입니다. 가급적 준비 부담을 줄여주는 소박한 전략과 계획이 오히려 합격 확률을 높입니다. 정시 선발인원이 많아지니 수능을 준비해야 한다고 말하는 사람에게 묻고 싶습니다.

"수능 공부하면 수능 성적이 다 올라가나요?"

Q 학부모　　뭐든 배우면 웬만큼 하는 아이지만, 재능을 딱 하나 꼽으라면 딱히 없어요. 관심이나 재능이 다 고만고만하다고 해야 할까요? 적성검사를 해봐도 검사 결과와 아이가 원하는 것이 딱 맞아떨어지지 않아요. 진로를 일찍 정하는 것이 입시에 유리하다고 하는데 어떻게 하는 것이 좋을까요?

A 박재원　　먼저 진로와 관련 있는 입시는 학종뿐이라는 사실부터 인

지하십시오. 수시 교과 전형이나 정시는 정량평가이기 때문에 진로와 아무런 상관이 없습니다. 학종에서도 얼마나 진로를 일찍, 분명하게 정했는지 보지 않습니다. 오히려 일부 대학에서는 입시만을 의식해 진정성 없이 진로를 정한 수험생들을 기피하기도 합니다. 입시요강에 전공적합성을 보지 않는다고 명시한 학교도 적지 않습니다. 자신이 선택한 전공에 만족하는 대학생의 비율이 절반도 되지 않습니다. 대학에서 볼 때 매우 심각한 문제입니다. 언제 학교를 떠날지 모르기 때문이죠. 학생 입장에서도 마찬가지겠지요. 갈팡질팡하다가 소중한 시간을 낭비할 가능성이 크기 때문입니다.

저는 뚜렷한 진로를 정하지 않고도 별 탈 없이 살 수 있는 게 인생이라고 믿습니다. 인생에서 계획이 아니라 우연이 차지하는 비중이 51% 이상이라고 확신합니다. 하나의 진로를 정해 일관성 있게 나아가는 경우는 과연 얼마나 될까요? 오히려 문제는 나이를 먹었지만 제대로 배운 것도, 아는 것도, 할 수 있는 것도 없는 경우가 아닐까요?

부모로서 걱정해야 할 일은 진로가 뚜렷하지 않다는 사실이 아니라 매사 의욕이 없고 무기력하게 살아가는 모습 아닐까요? 꿈은 찾는 것이 아니라 채우는 것이라고 했습니다. 진로도 마찬가지입니다. 분명하게 정한 진로를 향해 노력하는 것이 아니라 지금 관심이 가는 일을 열심히 하다 보면 조금씩 윤곽을 드러내는 것이 진로입니다.

진로가 뚜렷하지 않다는, 진로를 정해놓고 노력하지 않는다는 핀잔 대신에 관심사가 무엇인지 탐색할 기회가 필요합니다. 대학의 학과를 선택할 때도 마찬가지입니다. 대학 홈페이지에서 쉽게 확인할 수 있는 전공 과목을 하나하나 꼼꼼히 살펴봅시다. 진로를 위해서가 아니라 대학생활을 열심히 하기 위해서는 어떤 전공을 선택해 어떤 공부를 해야 하는지 판단하는 것이 더 중요합니다. 진로가 분명하지 않은 것은 전혀 문제가 되지 않습니다. 내일 어떻게 바뀔지 모르겠지만 오늘 아이가 관심을 가지고 열심히 할 수 있는 것이 있다면 충분합니다.

Q 학부모___ 사교육에 의존하지 않으려면 공교육에 대한 신뢰도 중요한데, 쉽지 않은 것 같아요. 실제로 아이의 진학 문제에 있어 공교육의 도움을 얼마나 받을 수 있을까요?

A 박재원___ 먼저 모든 입시정보는 공교육 기관에서 만들어진다는 사실부터 기억하십시오. 사교육은 공교육에서 정보를 수집하여 활용할 따름입니다. 또한 공교육 기관은 개인적인 이익을 목적으로 정보를 왜곡할 가능성도 거의 없습니다. 가장 많은 입시정보가 축적된 곳은 학교입니다. 일부 사설기관이 대학에서 입수한 정보를 분석하여 합격선을 예측하는 서비스를 제공하지만 한계가 분명합니다. 오히려 자녀가 다니는 학교에 있는 입시결과를 활용하는 것이 좋을 수 있습니다. 선배들의 입시결과를 보면서 비슷한 사례를 비교하면 어느 정도 예측이 가능합니다.

공교육과 사교육을 비교할 때 어느 쪽 정보를 더 신뢰할 수 있을까요? 쉽게 답할 수 없습니다만 공교육만으로 충분하다는 말씀은 드릴 수 있습니다. 그리고 고입정보포털(www.hischool.go.kr)과 대입정보포털(www.adiga.kr)을 통해 기본적인 정보를 충분히 확인할 수 있습니다. 학교별, 교사별 편차가 나는 게 문제지만 부모로서 정당하게 요구하면 얼마든지 필요한 정보를 얻을 수 있습니다. 부모들에게 여전히 학교는 문턱이 높습니다. 특히 중위권 부모들에게 학교는 멀게만 느껴집니다. 아이가 공부를 못하면 부모는 학교에 가기가 꺼려집니다. 내 돈 내고 눈치 보지 않는 사설기관을 찾아가는 게 마음이 한결 편합니다.

부모 마음이야 이해되지만 공교육을 버리고 사교육에서 오염된 정보에 노출되는 것이 걱정입니다. 부모의 마음을 쥐락펴락하면서 불안하게 만들었다가 희망도 주는 사교육의 시장논리에 사로잡히면 문제가 생깁니다. 부모는 만족스럽지만 아이는 실천하기 어려운 입시 전략이 만들어집니다. 수시와 정시 모두 놓칠 수 없으며 욕심을 부려 전략을 세웁니다. 그리고 결과는 대부분 불합격이지만 아무도 책임지지 않습니다.

학교를 무작정 기피하면 답이 없습니다. 하지만 한번 문을 두드려보세요. 생각보다 친절히 상세하게 응대해줍니다. 무조건 "귀찮아 할 거야"라고 지레짐작하지 마세요. 부모의 권리를 정당하게 행사하는 것으로 생각하고 예의 바르게 요청하세요. 정직한 정보를 얻어야 합니다. 정직한 정보를 통해 기본적인 판단을 할 수 있게 되면 가짜 정보에서 벗어날 수 있습니다.

부모의 불안을 희망으로,
아이의 좌절을 도전으로

_ 신여윤

좋아하는 이론 중에 '계획된 우연'이란 이론이 있습니다. 상담계의 전설로 통하는 스탠퍼드 대학 존 크롬볼츠John D. Krumboltz 교수의 이론으로 사람에게 있어서 우연한 사건이 미치는 영향을 설명하는 이론입니다. 저와 박재원 소장님과의 만남도 계획된 우연이었습니다. 올바른 교육을 현실로 만들기 위해 고군분투하는 소장님의 뜻과 행동에 저 또한 충분히 공감해왔던 터라, 이 책을 계기로 만난 첫 자리에서 두 시간 넘게 열띤 대화는 이 책의 마중물이 되기에 충분했습니다.

여전히 줄 세우기와 서열화 경쟁의 교육으로 많은 부모가 불안해합니다. 수시로 변하는 교육과정과 불안을 가중하는 각종 뉴스로 많은 부모가 롤러코스터 같은 삶을 이어가고 있습니다. 부모들이 가진 불안과 낙오 공포에 위로가 되고 미력하나마 힘이 되는 정보를 드리고 싶었습니다. 특히 중위권 아이를 자녀로 두고 계신 분들에게 가장 필요한, 하지만 여러 이유로 외면받는 이야기들을 나누고 싶었습니다. 불안을 최소화하고 자존감을 높여 드리고 싶었습니다.

현장에서 수많은 부모와 아이를 만나며 가장 현실적인 어려움을 알고 있는 부모자녀코칭 전문가로서 이 책에 참여했을 때 자녀교육을 오롯이 "내탓이요" 생각하는 부모들이 생각을 전환할 수 있도록 돕고 싶었습니다.

에필로그를 쓰는 지금, 이 책의 내용을 다시 한번 꼼꼼하게 읽어보았습니다. 우리 아이의 공부 감정과 공부 개성을 잘 파악해 한 편이 되어 행복한 공부 경험을 하는 게 꿈만 같은 얘기는 아니라는 점을 책으로 알려드린 것 같아 한편으로는 마음이 놓입니다.

육아를 조금 먼저 경험한 저로서 부모들에게 늘 강조하는 게 있습니다.

"육아는 육아育兒가 아닌 육아育我입니다."

이제 더는 '알아서 하는' 상위권 아이들에 상당 부분 초점 맞춰진 교육에 휘둘려서는 안 됩니다. 이 책이 중위권 학부모를 돕고자 하는 이유이기도 합니다. 이 책을 통해 우리 아이의 공부 개성, 공부 감정을 잘 파악하고, 자녀와 함께 성장하며 행복한 공부 추억을 만들어가길 응원하겠습니다.

엄마가 꼭 알아야 할
아이의 공부 감정

_ 추유선

책을 마무리하며 이런 생각을 해보았습니다. '공부 감정', 부모로서 이 네 글자를 일찍 알았더라면 긴 시간 동안 불필요한 시행착오를 하지 않았을 수도 있었을 텐데 하는 생각 말이죠.

저 또한 아이가 초등 저학년이었을 때, 아이 눈을 먼저 보며 감정을 알아차림 할 여유가 없었습니다. 그저 지금 눈앞의 아이 모습에만 집중하고, 제 생각만 옳다는 생각에 사로잡혀 있었지요. 아이의 특별한 개성을 있는 그대로 받아들이지 못하고, 아이가 세상의 기준에 맞추어 공부하고 행동하기를 바랐습니다.

돌이켜보면 저와 첫째의 관계에 가장 갈등이 됐던 것은 일기와 독서록이었습니다. 날짜, 날씨 이외의 글은 도저히 무슨 내용인지 알 수 없는 암호 같았습니다. 이 문제는 다른 여러 상황에서도 도미노처럼 연결되면서 점점 심각해졌습니다. 별별 방법을 다 썼지만 아이는 전혀 달라지지 않았습니다. 저와 아이 모두 변화 없이 지쳐

가기만 했던 어느 날, 노트만 보고도 아이 눈에 눈물이 그렁그렁 맺히는 걸 본 순간 '내가 뭐하고 있는 거지?' 하는 생각이 불현듯 들었습니다. 그리고 3학년이 되는 아이를 진심으로 도와주고 싶었습니다.

그때 책과 영상으로 박재원 소장님을 만나게 되었습니다. 소장님은 저와 첫째의 관계를 다시 건강하게 되돌려주었습니다. 그 만남이 이 책까지 이어졌습니다.

방아쇠가 되는 문제는 집집마다 모두 다를 겁니다. 우리도 다르고 아이들의 성향도 다르고 주어진 환경도 다르기에 풀어가는 과정 또한 다른 것이 당연합니다. 하지만 엉켜버린 실타래를 풀기 위한 첫 단추는 누구에게나 같습니다. 아이가 어떤 감정으로 부모와 마주하고 있는지를 깨닫고, 우리 아이에게 필요한 개별화된 방법을 고민하면서 답을 찾아가는 것이 가장 먼저 필요합니다. 부모와 아이가 한 편이 되는 것이 중요합니다. 아이에게 엄마가 든든한 내 편이라는 믿음을 주는 순간, 말라버린 아이 공부 감정이 되살아날 것입니다.

우리 아이가 주인공이 되는 여정은 그 어떤 책도 전해주지 않습니다. 이 책은 우리 아이 공부 개성을 파악하고 아이의 속도와 관심의 방향에 맞게 가르치는 방법을 알려주고자 합니다. 이 책이 전하는 개별화 교육법은 아이가 자신만의 속도로 꾸준히 갈 수 있게 응원하는 동행자가 되어줄 것입니다.

이 책을 공저하면서 불안을 잠재우는 마음 챙김, 기다림의 중요성을 다시 한번 느꼈습니다. 수많은 엄마의 걱정과 불안에 공감하며 제 경험을 살려 조금이라도 도움을 전하고자 노력했습니다. 이제 책으로 더 많은 엄마와 만나 선한 영향력이 더 커지길 바랍니다.